김나미 아줌마가 들려주는

세계 종교 이야기

김나미 아줌마가 들려주는
세계 종교 이야기

초판 1쇄 2005년 4월 11일 **초판 16쇄** 2023년 11월 30일

글 김나미 **그림** 조위라

편집 이세은 **마케팅** 강백산, 강지연 **디자인** 아르떼

펴낸이 이재일

펴낸곳 토토북 04034 서울시 마포구 양화로11길 18, 3층(서교동, 원오빌딩)

전화 02-332-6255 **팩스** 02-6919-2854

홈페이지 www.totobook.com

전자우편 totobooks@hanmail.net

출판등록 2002년 5월 30일 제10-2394호

ISBN 978-89-90611-21-0 73200

ⓒ 김나미, 조위라 2005
이 책은 저작권법에 의해 보호를 받는 저작물이므로 무단 전재 및 무단 복제를 금합니다.
잘못된 책은 바꾸어 드립니다.

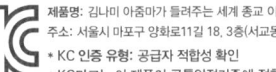

제품명: 김나미 아줌마가 들려주는 세계 종교 이야기 | **제조자명**: 토토북 | **제조국명**: 대한민국 | **전화**: 02-332-6255
주소: 서울시 마포구 양화로11길 18, 3층(서교동, 원오빌딩) | **제조일**: 2023년 11월 30일 | **사용연령**: 8세 이상
* KC 인증 유형: 공급자 적합성 확인
* KC마크는 이 제품이 공통안전기준에 적합하였음을 의미합니다.

⚠ **주의** 책의 모서리에 다치지 않게 주의하세요.

김나미 아줌마가 들려주는
세계 종교 이야기

글 김나미 · 그림 조위라

www.totobook.com

머리말

괴짜 아줌마가 하고 싶은 이야기

어른들은 툭하면 이렇게 말하죠.
"애들은 가라."
"애들은 몰라도 돼."
"이 다음에 크면 알게 된단다."
어른들끼리 무슨 비밀이 그렇게나 많은지 어린이들에게는 안 가르쳐 줄 때가 많아요. 안 가르쳐 준다기 보다 아이들은 알 필요가 없다고 생각하는 거죠. 그런데 정말 그럴까요?

종교 이야기만 해도 그래요. 어른들은 아이들은 몰라도 된다고 생각하지만 사실 여러분들은 알고 싶은 게 많을 거예요. "이라크 사람들이 믿는 이슬람교는 나쁜 종교일까?", "예수님은 어느 나라 사람일까?", "종교를 꼭 믿어야 하나?" 등등 말이에요. 너무 궁금해서 참지 못하고 어른들에게 물어보면 어른들이 뭐라고 하던가요? 친절하게 알려 주었나요? 아마 대부분의 어른들이 이렇게 말했을 거예요.

"나중에 크면 알게 될테니 지금은 공부나 해!"

사실 종교 이야기는 좀 복잡해서 어른들도 모르는 게 많아요. 또, 눈으로 보여주거나 말로 설명할 수 없는 부분도 많아서 여러분들이 품는 질문에 딱히 뭐라 대답해 주기가 어려워요. 사람마다 종교에 대한 생각이 다를 수도 있고요. 그래서 어른들 사이에서도 어지간하면 종교 이야기를 잘 꺼내지 않지요. 뿐만 아니라 대부분의 어른들은 자신이 믿는 종교를 최고로 알고 남의 종교를 알려고 하지 않아요. 그런데 그거 아세요? 남의 것을 알면 내 것을 더 잘 알게 된다는 사실!

아줌마는 자기 종교만 진리라고 하고 남의 것을 알려고도, 배우려고도 하지 않는 어른들을 많이 봤어요. 또, 그 중에는 다른 사람들에게 자신의 종교를 강요하려는 어른들도 많았어요. 그럴 때마다 아줌마는 안타까웠어요. 나와 다른 생각을 받아들이지 않으면 결국 싸움만 날 뿐이고, 그런 어른들의 닫힌 마음을 아이들이 그대로 배우게 된다면 우리의 미래가 어떻게 될까요?

종교를 선택하는 것은 자기 자신이 하는 거예요. 믿고 싶지 않다면 믿지 않는 것도 자유죠. 다만 마음을 열고 다양한 종교에 대해 알아둘 필요는 있어요. 옛날처럼 자기 나라, 자기 동네에만 틀어박혀 사는 세상이 아니잖아요? 부자나 높은 자리에 있는 사람이 아니더라도 외국인을 만나거나 외국에 나가 살 기회가 점점 더 많아지고 있어요. 그러니 종교에 대해 미리 공부를 해 두면 좋은 점이 많이 있을 거예요. 나와 다른 종교와 문화를 가진 사람을 만나도 그들이 이상한 사람이 아니라 나와 다를 뿐이란 걸 받아들이게 될 거예요.

그럼 이제 함께 신나는 종교 이야기를 해 볼까요? 마음을 활짝 열고 만나기로 해요.

괴짜 아줌마가

차례

머리말 괴짜 아줌마가 하고 싶은 이야기 4

내 이름은 하나예요 8

첫 번째 이야기
사람이 죽으면 어디로 가나요? 15
종교가 생겨난 이야기

두 번째 이야기
그런데요, 왜 이렇게 종교가 많아요? 27
종교간 차이에 관한 이야기

세 번째 이야기
온 세상에 사랑을 43
그리스도교 이야기

네 번째 이야기
살아 있는 것은 아무것도 죽이지 말라 75
불교 이야기

다섯 번째 이야기
당신에게 평화가 깃들기를 101
이슬람교 이야기

여섯 번째 이야기
영원한 사랑과 진리를 찾아가는 길 129
그 밖의 종교 이야기

일곱 번째 이야기
종교는 전쟁인가요, 평화인가요? 149
종교의 진정한 모습

이야기를 마치며 156

내 이름은 하나예요

내 이름은 하나예요. 지금 평화초등학교 4학년이고요, 서울 상계동에 살아요. 이제부터 다른 친구들에게 내가 괴짜 아줌마를 만난 이야기를 하려고 해요. 잘 들어 주세요.

어느 날, 우리 할아버지가 돌아가셨어요

내가 정말 정말 사랑하는 우리 할아버지가 돌아가셨어요. 돌아가시는 순간에 나도 할아버지 옆에 앉아 있었는데 할아버지가 내 손을 꽉 잡고 안 놔주셨어요. 아무 힘도 없으셨을 텐데 말이에요. 자꾸만 그때 생각이 나요. 할아버지는 무척 힘들게 숨을 쉬다가 결국 눈을 뜨지 않으셨죠. 그때 난 처음으로 죽은 사람 얼굴을 봤어요. 모두 눈물을 흘렸는데 난 겁이 났어요. 정말 무서웠어요. 그리고 한동안 할아버지가 쓰시던 방 가까이에도 안 갔어요. 그러면서도 자꾸 할아버지가 보고 싶어 눈물이 났어요.

궁금한 것도 많아졌어요. 할아버지가 돌아가신 다음에 어디로 가셨는지도 궁금하고, 왜 돌아가셔야 하는 건지도 궁금해요.

나도 할아버지처럼 나이를 먹으면 꼭 죽어야 하는 걸까요? 엄마, 아빠도 언젠가는 할아버지처럼 돌아가시게 되나요? 시간이 지날수록 궁금한 것들이 점점 더 많아져요.

학기말 시험이 끝나고 나서 또 할아버지 생각이 많이 났어요. 그래서 일기장에 할아버지한테 보내는 편지를 적었어요. 할아버지가 받아보실 수 있을지는 모르지만요.

일기를 다 쓰고 나서 무릎을 꿇고 두 손을 모으고, 엄마가 믿는 예수님과 할머니가 믿는 부처님께 기도를 했어요. 그러자 마음이 조금 편안해졌어요. 할아버지가 하늘나라에 계신지 극락에 계신지,

할아버지 어디 계세요? 난 할아버지가 보고 싶은데 할아버지는 내 생각도 안 하시나 봐요. 작년에 제가 할아버지를 노인정에 모셔다 드려야 하는데 동생과 게임하느라고 같이 못 가서 죄송해요.
할아버지가 걷기 힘들어하시는 거 알면서도 제가 나빴어요.
그리고 게임기 산다고 돈 달라고 한 것도 용서하세요.
할아버지를 다시 만나고 싶어요. 내 꿈에라도 나타나 주세요.
그러면 할아버지를 노인정에 잘 모셔다 드릴게요.
할아버지, 어디 계신지 정말 궁금해요. 지금 어디 계시나요?
할머니는 극락에 가셨다고 하고, 엄마는 하늘나라에 가셨다고 해요.
누구 말이 맞는지 모르겠어요. 계신 곳이 어디든 편안히 사세요.

하나 올림

아니면 다른 곳에 계신지 모르지만 어디든 좋은 곳에 계신다고 믿기로 했어요. 다음날 짝꿍인 정화가 나를 위로해 주었어요.

정화 : 하나야, 요즘 너 슬퍼 보인다. 할아버지 돌아가신 것 때문에 그러니? 사진 속에서 계속 만나면 되잖아.
하나 : 사진은 싫어. 진짜 할아버지를 보고 싶어.
정화 : 우리 엄마가 그러는데 제사를 지내면 돌아가신 조상님을 만날 수 있대.
하나 : 정말? 근데 우리 엄마는 교회에 다녀서 제사를 안 지내. 그리고 할머니는 절에서 조상을 다 섬겨주기 때문에 집에서 따로 제사를 지낼 필요가 없대. 너희 집은 제사 지내니?
정화 : 응. 우리는 증조할아버지 제사까지 해서 일년에 제사를 네 번이나 지낸다.

정화가 그러는데 제사를 지내는 것은 아주 먼 옛날부터 내려오는 우리나라 풍습이래요. 그러나 난 제사 지내는 것을 본 적이 없어요. 제사를 지내면 정말 죽은 사람의 영혼이 다시 돌아올까요? 너무 어지럽고 헷갈려요. 그런데다가 요즘 집안 분위기도 안 좋아요. 우리 집은 원래 웃음도 많고 할머니와 엄마가 가깝게 지내셨어요. 그런데 할아버지가 돌아가신 다음에 할머니와 엄마 사이가 서먹서먹해졌어요. 할머니는 불교식으로 장례식을 치르겠다고 하시고, 엄마는 교회에서 목사님을 모시고 하겠다고 다투셨거든요.

    할아버지가 돌아가신 다음부터 엄마는 엄마대로, 할머니는 할머니대로 기도하는 시간이 늘었어요. 그렇지만 두 분 사이는 여전히 불편해 보였어요. 도대체 누가 옳은 건가요? 엄마가 믿는 하나님과 할머니가 믿는 부처님은 서로 사이가 나쁜가요? 신이 하나라면 엄마와 할머니가 서로 싸우지 않아도 될 텐데. 신을 믿으려고 해도 하나가 아니니 누굴 믿어야 할지 모르겠어요.

괴짜 아줌마랑 친구 하기로 했어요

    아줌마는 우리 집 아래층인 7층에 살아요. 그런데 동네 사람들은 그 아줌마를 조금 이상한 사람이라고 생각해요. 우리 집에서 반상

돌아가신 조상께 제사를 지내는 모습이에요.

회를 할 때 아줌마들끼리 하는 애기를 들었는데 뭐 하는 사람인지 모르겠지만 하는 짓이 아이같고 엉뚱하대요. 인라인스케이트도 타고 사람들이 많이 지나다니는 길에서도 아이스크림을 물고 다녀요. 아줌마는 남의 눈치를 보지 않나 봐요. 동네 사람들이 뒤에서 수근거려도 아무렇지도 않나 봐요.

그러던 어느 날 이었어요. 그날은 일요일이라 엄마는 아침 일찍 교회에 가시고, 할머니는 절에 가셨어요. 아빠는 운동하러 나가셔서 난 혼자 텔레비전을 보다가 오래간만에 인라인스케이트를 타러 공원에 갔어요. 그런데 거기서 아줌마를 만났어요. 아줌마는 인라인스케이트를 타고 있었는데 계속 넘어지기만 하는 거 있죠. 나를 보고 손을 흔들다가 또 넘어졌어요. 내가 가서 손을 잡아 줬지요. 아줌마는 "이상하다. 아까는 잘 탔는데……"하며 부끄러운지 크게 웃었어요. 그 모습이 아이처럼 귀여웠어요. 그래서 큰 맘 먹고 나만 아는 인라인스케이트 타는 기술 몇 가지를 가르쳐 줬어요. 그러면서 우리는 친구처럼 친해지게 되었어요.

하나 : 아줌마는 뭐 하는 사람이에요?

아줌마 : 나는 공부하는 사람이에요.

하나 : 무슨 공부요?

아줌마 : 여러 종교에 대해 알고 싶어서 종교 공부를 하고 있어요.

하나 : 아! 정말요? 잘 됐다. 나한테 조금만 가르쳐 줄 수 있나요? 할아버지가 돌아가신 후에 종교에 대해 궁금한 게 많아졌어요.

아줌마 : 그래요? 그럼 앞으로 일주일에 한 번씩 여기서 만날까요? 만나서 스케이트도 타고 종교 이야기도 함께 나누기로 해요.

우리는 일요일마다 공원에서 만나기로 했어요. 나는 아줌마에게 인라인스케이트 기술을 가르쳐 주고 아줌마는 나에게 내가 궁금해 하는 종교 이야기를 들려주기로 했어요. 이제부터 내가 들려드리는 이야기는 아줌마가 나에게 인라인스케이트를 배우면서 들려준 이야기예요. 깜박하고 빼먹은 것도 있긴 하지만 이해해 주세요.

첫 번째 이야기

사람이 죽으면 어디로 가나요?

― 종교가 생겨난 이야기

우리의 생명을 지켜 주는 우리 어머니 대지와
공기를 움직여 병을 쫓아 버리는 바람,
자애로운 눈으로 대지를 굽어보는 태양에게 감사드립니다.
―아메리카 인디언의 기도

 아줌마, 할아버지가 돌아가셨을 때 얼마나 슬펐는지 몰라요. 사람이 안 죽고 오래오래 같이 살 수 있는 방법은 없나요? 그리고 사람이 죽은 다음에는 어떻게 되는 건지 궁금해요.

죽음은 막을 수 없어요

사랑하는 사람과 헤어지는 건 세상에서 가장 슬픈 일이에요. 아줌마도 하나의 슬픔을 이해할 수 있어요. 부모님이 돌아가셨을 때 아줌마도 무척 슬펐거든요. 다른 사람들도 마찬가지예요. 자기 자신이 죽거나 자기가 사랑하는 사람이 죽는 것을 싫어해요. 모두 영원히 살기를 원하죠. 하지만 안타깝게도 사람은 언젠가는 반드시 죽게 되어 있어요. 늙어서 죽는 사람도 있고, 병들어 죽는 사람도 있고, 사고로 죽는 사람도 있어요. 어떤 이유이든 결국에는 모두 죽을 수밖에 없죠.

그런데도 사람들은 영원히 살고 싶다는 욕심을 버리기 힘든가 봐요. 대표적인 사람이 바로 진시황이에요. 2200년 전에 중국을 최초로 통일한 진시황은 영원히 살기 위해 불로초(늙지 않고 죽지 않게 해준다는, 전설 속에 나오는 약초)를 찾아다니기도 했지만 결국 쉰 살도 못 되어 죽고 말았죠. 진시황만 그런 게 아니에요. 보

통 사람들도 오래 살고 싶은 욕심에 비싼 보약을 먹고, 운동을 열심히 하기도 하지요.

또 어떤 사람은 죽음을 끝이 아닌 새로운 시작으로 받아들이고 싶어서 종교를 찾기도 해요. 아줌마도 그랬어요. 부모님이 돌아가신 뒤로 사는 게 도대체 뭔지, 죽음을 어떻게 받아들여야 하는지 몰라서 종교 공부를 하게 되었어요.

죽음과 종교가 대체 무슨 관계가 있냐고요? 종교는 죽음 다음에 있는 세상을 가르쳐 주잖아요. 죽는다고 해서 삶이 끝나는 게 아니라 행복한 세상으로 가거나, 다시 사람으로 태어날 수 있다는 희망을 주는 거지요. 결국 종교가 있어서 사람들은 죽음에 대한 두려움을 덜 느끼게 되었다고도 할 수 있어요.

그것 말고도 사람들이 종교를 찾는 이유는 여러 가지가 있어요. 어떤 사람은 도대체 왜 사는지 이유를 몰라서, 어떤 사람은 보람차고 의미 있게 살고 싶어서, 어떤 사람은 마음이 편하고 싶어서, 어떤 사람들은 하늘나라에 가고 싶어서, 어떤 사람은 사는 게 너무 힘들어서 등등……. 정말 이유도 다양해요. 그런데 사람들은 자신에게 불행한 일이 생겼을 때 종교의 필요성을 많이 느끼게 되지요. 만약 어느 날 갑자기 큰 병에 걸렸는데 수술을 해도 소용이 없고 한 달밖에 못 산다고 한다면 기분이 어떨까요. 분명히 누군가에게 의지하고 싶어지지 않을까요?

나무에도 바위에도 영혼이?

그렇다면 사람들이 종교를 믿기 시작한 것은 언제부터일까요? 아주 먼 옛날 원시 시대에도 신이 있다고 생각했을까요? 물론이에요. 종교는 최초의 인간이 살던 때부터 우리와 함께 했어요. 대자연의 세계를 보면 사람이 이해할 수 없는 일들이 많이 있잖아요? 씨앗이 여무는 걸 보세요. 작은 씨앗 하나가 어쩌면 그렇게 예쁜 꽃을 피울 수 있는지 정말 놀랍지 않나요? 그 밖에도 천둥 번개가 칠 때의 쾅쾅거림과 번쩍거림, 새로운 생명이 태

어나고 병들어 죽는 일 등……. 그런 것들이 어디서부터 온 건지, 누가 만든 건지 사람들은 도무지 알 수가 없었죠. 그래서 궁금해 했어요. '꽃, 나무, 바람, 사람, 그리고 이 세상은 도대체 누가 만든 걸까?' 하고요.

때로는 자연이 주는 재앙 때문에 어려움을 겪을 때도 있었어요. 비가 오지 않아 가뭄이 들 때, 비가 너무 많이 와서 홍수가 생길 때, 그때도 궁금해했지요. '우리에게 비를 내려 주시는 분은 누굴까?' 하고. 그런 일은 사람의 힘으론 어쩔 수 없는 것들이잖아요. 아무리 강한 사람이라고 해도 비를 만들거나 꽃을 피게 할 수는 없으니까요. 자연의 위대한 힘 앞에서 사람은 아무런 힘도 쓸 수 없었어요. 그래서 사람들은 저절로 그 어떤 보이지 않는 힘을 믿으며, 그 힘이 만물을 창조했다고 생각한 거예요.

또한 그 위대한 힘이 사람을 비롯한 모든 것들에게 생명을 불어넣어 주었다고 믿었어요. 그리고 나무, 풀, 바위 등 이 세상 모든 것에는 선하거나 악한 영혼이 깃들어 있다고 생각했지요. 그래서 사람들은 그런 영혼을 화나게 해서 해를 입을까 봐 두려워했어요. 때로는 각 부족마다 자기 부족을 지켜 주는 동물을 정하여 신처럼 받들기도 했죠. 우리나라 단군신화에 나오는 호랑이와 곰도 부족을 지켜 준 수호신을 상징한답니다.

천둥 번개가 치거나 오랫동안 비가 오지 않을 땐 어떻게 했을까요? 원시 시대 사람들은 그런 일이 생기는 것은 신이 분노했기 때문에 일어난 일이라고 생각해서 하늘에 제사를 지냈어요. 그러다 보니 자연히 그 부족을 대표해서 하늘에 제사를 지내는 사람이 생기게 되었는데 그런 사람을 가리켜 샤먼(Shaman, 무당)이라고 불러요. 샤먼은 신과 사람을 이어 주는 다리 역할을 해요. 신에게 사람들의 소원을 대신 전해 주고, 병든 사람이 있으면 그 사람의 병을 신에게 알리고 치료하는 의사 역할까지 했어요.

이때의 종교는 지금의 모습과는 많이 달랐어요. 해야 할 것과 하지 말아야 할 것

프랑스의 라코스 동굴에서 발견된 원시 시대의 벽화예요. 수만 년 전에 살던 원시인들도 새와 사슴과 사람을 그려 놓고 종교 의식을 가졌어요.

(선과 악)에 대한 엄격한 구분도 없고, 죽은 다음의 세상에 대한 특별한 가르침도 없었어요. 죽는 것도 오래오래 자는 거라고 생각했으니까요. 그 당시 종교의 목적은 먹을 것을 더 많이 얻는 일과 무서운 자연으로부터 피해를 적게 입는 것 등, 지금 당장의 복을 구하는 것이었답니다. 이것이 원시 시대 종교가 가진 특징이에요.

엄마가 그러시는데 지금도 무당이 있대요. 우리 친척 아저씨 한 분도 몸이 많이 아파서 무당을 찾아가서 병이 낫게 해달라고 굿을 했대요. 물론 우리 엄마는 교회를 다니시니까 그걸 '미신'이라고 부르면서 싫어하세요. 미신은 귀신을 믿는 것이지 종교가 아니래요. 그럼 옛날 사람들은 언제부터 지금과 같은 '종교'를 가지게 됐나요?

고통과 괴로움에서 벗어나게 해 주세요

그건 원시인들이 농사를 짓기 시작하면서부터예요. 사냥감과 열매를 찾아 떠돌아다니던 사람들이 농사를 짓게 되면서 한 곳에 자리 잡고 살게 되었죠. 떠돌아다니던 시절엔 먹을 것이든 입을 것이든 모두 같이 나누며 살았는데 이제는 자기 땅과 자기 집이 생기게 됐고, 힘센 사람이 약한 사람의 것을 탐내게 됐어요. 힘센 부족이 이웃 부족의 땅에 쳐들어가 그 사람들의 식량을 뺏고 노예로 삼기도 했어요.

이렇게 마을이 점점 커지고 인구도 크게 늘어나면서 사람들 사이에 계급이 생겨나게 돼요. 가장 힘이 센 사람이 왕이 되고, 전쟁에 나가서 큰 공을 세운 부하들이 귀족이 되었지요. 왕이나 귀족들은 일하지 않고도 배불리 먹을 수 있었지만 농민과 노예들은 죽을 때까지 힘든 노동에 시달려야만 했어요.

이 때의 종교는 어떤 모습이었을까요? 두 가지 면에서 볼 수 있는데, 왕이나 귀족 같은 힘 센 지배자들은 자기들의 부귀와 영광이 죽은 뒤에도 영원하길 바라는 마음으로 종교를 믿었어요. 그리고 권력을 오래 유지하기 위해서 자기들이 하고 싶은 일은 모두 '신의 뜻이다.' 라고 했지요. 그래야 아랫사람들이 불평불

만 없이 따를 테니까요.

반대로 농민이나 노예처럼 힘없는 사람들은 지배자들의 말을 신의 뜻이라 받아들이고, 어쩔 수 없이 따르긴 했어도 진짜 속마음은 하루 빨리 지금과 같은 삶에서 벗어나길 원했죠. 그래서 죽은 뒤에라도 영원히 행복하길 바랐어요. 서로 입장이 다르기는 했지만 모두가 죽은 뒤 영원한 삶이 계속되길 바라는 마음으로 종교를 믿게 됐죠.

그리고 지배를 받는 사람들은 억눌려 있는 자신들의 삶을 자유롭게 해 줄 누군가를 기다렸어요. 그것이 바로 '구세주'예요. 그리스도교의 예수님이 구세주로 오셨고, 이슬람교에서는 무함마드가 신의 말씀을 대신 전해 주었어요. 불교의 부처님은 사람이 고통에서 벗어나는 길을 가르쳐 주셨고요. 이런 분들은 모두 사랑, 평등, 자비를 외치며 고통 받는 사람들에게 희망을 품게 해 주었어요.

각각의 구세주가 등장한 시기를 보면 불교의 부처님이 기원전 6

고대 이집트의 지배자인 파라오들은 영원히 살고 싶어서 시신을 미이라로 만들어서 피라미드 깊숙이 보관했지요. 피라미드를 지키는 스핑크스는 태양신을 상징하기도 해요.

세기에 오셨고, 그로부터 600년이 지난 뒤 그리스도교의 예수님이 오셨고, 예수님 탄생으로부터 또 600년쯤 지난 뒤에 이슬람교의 무함마드가 오셨어요. 그 분들의 등장을 계기로 오늘날과 같은 중요한 종교의 큰 틀이 생기게 되었답니다.

> 종교는 영어로 'Religion'이라고 하는데요, 그 뜻을 자세히 따져보면 '인간과 신을 다시 잇다.'라는 뜻을 가지고 있어요. 또 한자의 뜻을 풀이해 보면 종교(宗敎)의 종(宗)은 근본, 교(敎)는 가르침을 뜻해요. 그러니까 종교는 '근본이 되는 가르침'이라는 뜻이에요. 세상에는 여러 가지 종교가 있지만 학자들은 다음과 같은 세 가지를 모든 종교의 공통점으로 생각합니다.
>
> - 모든 종교는 신자들에게 행복을 주려고 합니다.
> - 모든 종교는 선한 것과 아름다운 것을 찬양합니다.
> - 모든 종교는 우주의 신비에 대해 두려움과 겸손함을 나타냅니다.

아줌마 말대로 죽은 다음에 더 좋은 세상이 우리를 기다리고 있다고 생각하면 정말 마음이 편해질 것 같네요. 모두가 그런 마음에서 종교를 믿는 거겠죠? 여태껏 종교를 어렵고 먼 것으로만 생각했는데 아줌마의 이야기를 들으니 왜 사람들이 종교를 믿는지 알 것 같아요.

두 번째 이야기

그런데요, 왜 이렇게 종교가 많아요?

— 종교간 차이에 관한 이야기

그리스도교이건 불교이건 힌두교이건 큰 차이가 없다.
사람은 같은데 다만 입고 있는 옷이 다를 뿐이다.
— 오쇼 라즈니쉬 (인도의 현인)

 아줌마, 왜 세상 사람들은 서로 다른 종교를 믿는 걸까요? 엄마는 그리스도교의 하나님을 믿고, 할머니는 불교의 부처님을 믿으세요. 우리 이모는 성당에 다니는데 성당도 그리스도교이지만 엄마가 다니는 교회와는 좀 다르다고 하네요. 참, 그리고요. 우리 아빠 공장에서 일하는 얄리 아저씨는 알라를 믿는대요. 얄리 아저씨는 파키스탄 사람인데 돈벌러 한국에 왔어요. 우리말도 잘하는 그 아저씨한테 알라가 뭐냐고 물어보니까 세상에 한 분뿐인 신이래요. 도대체 세상에는 신이 다른 종교가 왜 이렇게 많은 거죠?

종교가 여럿인 이유

전 세계 사람들을 한데 모아 놓고 신에게 예배를 드리라고 한다면 그 광경이 어떨까요? 어떤 사람은 무릎을 꿇고, 어떤 사람

은 성호를 긋고, 어떤 사람은 절을 하고……. 그뿐이겠어요? 신을 부르는 이름도 다양해요. 이슬람교인은 '알라'를 부르고, 유대교인은 '야훼'를 부르고, 힌두교인은 '쉬바' '크리슈나' '칼리' 등 셀 수 없이 많은 신의 이름을 부르겠지요. 그런 걸 보며 '세상에는 왜 이렇게 신이 많은 거지?' 하고 궁금해 하는 것은 당연한 일이에요.

아줌마 생각은 이래요. 나라마다 기후와 말과 문화가 다르듯이 종교 또한 다를 수밖에 없었다고요. 종교는 기후나 환경의 영향을 많이 받거든요. 게다가 아주 먼 옛날에는 교통이 불편하고 통신 수단이 없어서 자기네 신앙을 멀리 떨어진 곳에 소개하기도 어려웠어요.

남아메리카에 있던 잉카나 마야 같은 나라에서는 태양을 신으로 받들었어요. 의식주 생활의 모든 것을 태양에 의존했거든요. 반면에 사우디아라비아나 이라크 같은 중동 지방은 사막이 많고, 이리저리 옮겨 다니는

유목 생활을 했잖아요. 사막에서는 밤길을 갈 때 길잡이가 되어 주는 별이 더 고마웠을 거예요. 그래서 이슬람교가 생겨난 중동 지방에선 태양보다 별을 더 신성하게 생각했어요. 이슬람교를 상징하는 깃발에 별이 그려져 있는 것도 그 때문이랍니다. 이렇듯 멀리 떨어진 곳에서 각자 살아가는 방법이 달랐기 때문에 종교도 서로 다른 모습을 띠게 되었어요.

샬롬~, 나마스테~, 앗쌀라 무알레쿰~

아주 먼 옛날에는 교통이나 통신이 발달하지 않아서 다른 나라 사람들이 어떤 신을 믿고 있는지 잘 몰랐고, 몰라도 불편한 것이 없었어요. 그런데 점차 나라 간에 교류가 활발해지게 되면서부터 사정이 달라졌어요. 종교의 차이에서 오는 낯선 느낌과 두려움이 커지게 되었지요. 그리고 남의 종교를 믿지는 않아도, 어느 정도 이해는 하고 있어야 서로 친하게 사귈 수 있는 세상이 되었어요.

어떤 지역의 문화를 잘 살펴보면 그 안에는 반드시 그 지역 종교의 색깔이 들어 있지요. 아시아의 중동 지역에는 이슬람 문화가, 유럽과 미국에는 그리스도교의 문화가, 동아시아에는 유교와 불교의 문화가 있고, 아프리카엔 아프리카만의 토속 신앙이

있어요. 이 모두가 그 지역의 원시 신앙에서 시작해 경전과 교리를 갖춘 오늘날의 종교로 자리 잡게 된 것이랍니다.

하나가 혹시 외국에 나가게 된다면 아줌마의 말을 잘 이해할 수 있을 거예요. 종교가 무엇이냐에 따라 그 사람들의 생활 습관과 생각하는 방식이 많이 다르거든요. 특히 거의 모든 국민이 하나의 종교를 믿는 나라들을 보면 생활 모든 것이 종교와 연결되어 있어요.

명절, 축제일, 가정의 행사도 대부분 종교와 관련이 있지요. 그리스도교인들에게는 예수님이 태어나신 크리스마스가 가장 큰 명절이라면, 불교 신자들에게는 부처님이 태어나신 석가 탄신일이 최고의 명절이지요. 한편 이슬람교인에게는 라마단이라는 금

식 기간이 일년 중 가장 중요해요. 라마단이 끝나면 며칠 동안 일도 하지 않고 축제를 열기까지 한답니다.

축제나 명절뿐 아니에요. 하나네 가족도 할아버지가 돌아가셨을 때 장례 문제로 다투었다고 했지요? 장례식을 살펴보더라도 종교에 따라 큰 차이가 있어요. 불교에서는 사람이 죽으면 화장을 해요. 사람이 재로 변해 우주로 되돌아간다고 믿기 때문이에요. 그런가 하면 유교에서는 부모님이 주신 몸을 조금이라도 상하게 하면 안 된다는 이유로 시신을 그대로 땅에 묻어요. 이것을 매장이라고 하는데, 유교 문화가 깊숙이 뿌리 박혀 있는 우리나라에서는 지금까지도 매장이 가장 흔한 방법이지요.

한편 조로아스터교에서는 조장을 해요. 조장이 뭐냐고요? 죽

은 사람을 독수리와 같은 새가 쪼아 먹도록 하는 거예요. 너무 잔인하다고요? 조로아스터교에서는 새가 시체를 먹으면 그 영혼을 하늘로 데리고 올라간다고 믿기 때문에 그런 장례 문화를 가지고 있는 거랍니다.

언어도 그 나라 종교의 영향을 많이 받는답니다. 종교에 따라 인사법도 다르다니까요. '미타구예 오야신'은 아메리카 인디언의 인사말인데 우리 모두는 서로 연결되어 있다는 뜻이에요. 참 기분 좋은 인사 아닌가요? 또 인도에서는 '안녕하세요.' 하는 인사말을 '나마스테' 라고 해요. 이것은 힌두어로 '내 안의 신이 당신 안의 신에게 인사드립니다.' 라는 뜻이지요. 이슬람에서는 같은 신도끼리 얼굴만 보면 서로 '앗쌀라 무알레쿰' 하며 인사를 하는데 '당신에게 평화가 깃들기를' 이라는 축복의 인사예요. 유대교인은 '샬롬' 하고 인사를 나누는데 샬롬은 '하나님이 주신 복'이라는 뜻이에요. 하나님의 은혜를 듬뿍 받고 복을 많이 누리라는 축복의 마음을 전하는 것이죠.

종교를 모르면 실수하고 오해할 수 있어요

아빠의 공장에서 일하는 얄리 아저씨는 절대로 돼지고기를 안 먹는대요. 언젠가 한번은 멋모르고 김치찌

개를 먹었는데 그 속에 돼지고기가 들어갔다는 것을 뒤늦게 알고는 화장실에 가서 토하고, 난리가 났어요. 이슬람교에서는 돼지고기를 아주 더럽게 생각한다면서요? 우리나라와 너무 다른 이런 풍습은 왜 생겨난 거지요?

하나는 다른 사람이 이해할 수 없는 행동을 하면 어떻게 하나요? 가령 보신탕을 먹는 사람이 있다면요. 착한 개를 먹다니 야만인 같다고요? 글쎄요, 하나처럼 개를 친구처럼 귀여워하기만 하면 더 좋겠지만, 그렇다고 '야만인'이라고 생각하고 멀리하는 게 옳을까요? 그 사람과 하나는 살아온 배경이 다르다는 걸 생각해 보세요. 먹는 관습은 그 사람이 태어난 곳이나 어떤 부모님 밑에서 자랐는가에 따라 다를 수 있어요. 그러니 무턱대고 '저 사람은 야만인이다! 저런 사람과는 절대 사귀지 말아야 한다.'고 생각해서는 안 된다는 거죠.

종교도 마찬가지예요. 상대방의 속사정을 잘 모르기 때문에 오해가 생기는 경우가 참 많아요. 이슬람 신자들이 돼지고기를 안 먹는 이유는 이슬람교의 경전인 꾸란에 '돼지는 더러운 동물이니 먹지 말라.'고 씌어있기 때문이기도 하지만, 또 다른 사정도 있어요. 이슬람교가 발생한 사막 지역에서는 날씨가 더워서 음식이 빨리 상하는데 특히 돼지고기는 고기 중에서도 가장 빨리 상하지요. 상한 음식을 먹을 경우, 지금은 병원에 바로 갈 수 있지만 옛날엔 목숨을 잃을 수도 있었어요. 그래서 사람들의 목숨을 지키기 위해 돼지고기를 먹지 말라고 한 거예요.

이와 같이 종교적 금기(피해야 할 것)에는 그 지역의 특별한 사정이 숨어 있는 경우가 많아요. 그러니 '왜 맛있는 돼지고기를 안 먹지? 정말 이상한 사람들이야.' 라고 멋대로 생각해서는 안 되겠지요?

또 다른 예를 들어 볼까요? 그리스도교인들은 이슬람교 남자가 부인을 여러 명 거느리는 경우가 있다고 비난하지요. 그러나 그런 일부다처의 제도가 나온 배경을 살펴보면 나름대로 사정이 있어요. 어떤 사정이냐고요? 먼 옛날에 유목생활을 하던 이슬람 신자들은 수많은 전쟁을 겪어야 했어요. 그러다 보니 전쟁터에 나가 죽는 남자가 많이 생기게 되었고, 남편을 잃고 과부가 된 여자와 고아들도 많아졌어요. 그 많은 과부와 고아들을 먹여 살리기 위해선 남자의 힘이 필요했기 때문에 부인을 네 명까지 둘 수 있게 허락한 거예요. 하지만 오늘날엔 많은 이슬람 나라에서는 법으로 이런 풍습을 금지하고 있기도 해요. 일부 부유한 이슬람 남자들은 아직도 부인을 여럿 두고 있지만요.

이 다음에 하나가 외국 친구를 만났을 때는 가장 먼저 종교가 무엇인지부터 물어보는 게 좋아요. 그래야 오해하거나 실수하지 않고 배려해 줄 수 있을테니까요. 밥을 먹을 때에도 종교에 따라 고기나 생선을 안 먹기도 해요. 이슬람 친구를 만난다면 돼지고

인도에 가면 차도를 유유히 산보하는 소들을 만날 수 있어요. 인도 사람들이 소를 숭배하는 것은 힌두교의 최고신인 쉬바신이 타고 다니던 동물이라고 믿기 때문이래요.

기를 피해야 하고, 인도에서 온 친구와 햄버거를 먹으러 간다면 소고기가 들어간 햄버거는 권하지 마세요. 힌두교에서는 소가 아주 신성한 동물이기 때문에 소고기를 먹으면 안 돼요.

혹시 하나는 강아지를 키우나요? 그렇다면 이슬람 친구가 집에 왔을 땐 반드시 개를 묶어 둬야 해요. 돼지뿐만 아니라 개도 불결한 짐승으로 여기니까요. 그리고 혹시 하나 친구 중에 그리스도교 신자가 있으면 같이 밥을 먹을 때 그 친구가 식사 기도를 마칠 때까지 잠깐 기다려 주는 건 어떨까요? 나를 이렇게 배려해 주었다는 느낌에 친구가 행복해 하지 않을까요?

사실 아줌마도 종교에 따른 문화적 차이를 몰라 이슬람 신자인 친구에게 실수한 적이 있어요. 그 친구의 생일에 향수를 선물한 거예요. 그 친구가 선물을 받고 너무나 당황스러워하더군요. 알고 보니 이슬람교의 계율에서는 여자가 향수를 쓰면 절대로 안 된다고 하네요. 난 그걸 몰랐던 거예요. 그 친구를 통해 이슬람교의 모습을 하나 더 배우게 된 셈이죠. 그 이후로 나는 어떤 친구를 만나든 먼저 종교가 무엇인지 물어보고 그 친구의 종교를 존중하는 행동을 하려고 노력했어요. 서로 다른 종교를 가진 사람끼리는 그렇게 서로 배려하는 것이 정말 중요해요.

이슬람 나라를 여행할 때나 그 나라 사람을 만날 때 조심해야 할 것이 있어요. 첫째, 다른 사람에게 고개 숙여 인사하지 않는 게 좋아요. 이슬람 나라에서는 오로지 알라에게만 고개를 숙이기 때문이예요. 둘째, 선물을 주고 받거나 사람을 가르킬 때는 반드시 오른손으로 해야 해요. 이슬람 나라에서 왼손은 주로 화장실에서 용변을 본 후 닦거나 코를 풀 때만 쓰는 손이니까요.
셋째, 오른손 엄지를 치켜세우거나 엄지와 검지로 동그랗게 OK 사인을 만들면 안 돼요. 그것은 상대방을 깔보는 의미로 간주되기 때문이지요. 넷째, 오른손 주먹으로 왼손 손바닥을 치는 행동도 해서는 안 돼요. 그것 역시 경멸을 의미하거든요. 다섯째, 손가락이나 도구로 사람을 가리켜서도 안 돼요. 그것은 동물을 가리킬 때나 하는 행동이거든요. 이 다음에 이슬람 나라를 여행할 때는 아줌마가 알려 준 사실을 꼭 기억하세요.

다른 나라의 문화를 아는데 종교가 그렇게 중요한 것인 줄 몰랐어요. 나도 나중에 외국인 친구를 만나게 되었을 때 그 친구의 종교와 습관을 배려해 주는 사람이 될래요.

◉ 그림지도로 살펴보는 세계 5대 종교

이 세상에는 어떤 종교를 믿는 사람이 가장 많을까요? 천주교와 개신교를 합친 그리스도교인의 숫자가 가장 많아요. 전 세계 60억 명 인구 가운데 20억 명 정도가 그리스도교인이니까 이 세상 사람의 세 명 중에 한 명은 그리스도교 신자인 거예요. 그리스도교 다음으로는 이슬람교가 19%, 힌두교가 12%, 불교가 6%, 이런 순서로 신자가 많아요. 그럼 이제부터 세계 5대 종교라고 불리는 그리스도교, 이슬람교, 힌두교, 불교, 유대교의 신자 수와 살고 있는 지역을 그림으로 알아보기로 해요.

요즘의 종교는 발생한 지역을 벗어나 널리 퍼져 나가고 있지요. 그리스도교는 이미 전 세계에 퍼져 있고, 아시아에서는 특히 우리나라에 신자가 많아요. 거꾸로 서양 사람들은 아시아의 종교인 불교에 관심을 갖는 사람들이 늘어나고 있어요. 아줌마가 얼마 전에 미국에 가서 보니까 교회가 있던 자리에 불교사원이 들어서 있더군요. 동양 사람은 서양 종교를, 서양 사람은 동양 종교를, 그렇게 서로에게 관심을 기울이고 있어요.

● 불교

이슬람교가 중동 아시아의 종교라면 불교는 동아시아의 종교예요. 대승불교는 중국, 한국, 일본과 같은 동북아 나라에서, 소승불교는 태국, 캄보디아, 라오스, 미얀마와 같은 동남아 나라에 많이 퍼져 있어요. 신자 숫자는 3억 명 정도 되는데 요즘엔 미국과 유럽에도 전파가 많이 돼서 미국에만 200만 명이 넘는 신자가 있다고 해요.

● 그리스도교

그리스도교는 전 세계 어디에나 퍼져 있어요. 그 중 천주교 신자는 이탈리아, 프랑스, 스페인 등 남유럽에 특히 많고 남아메리카 나라들에도 많이 퍼져 있는데, 그 숫자는 10억 명이 넘어요. 또한 개신교는 영국, 독일, 스웨덴 등 북유럽과 미국 등 세계 곳곳에 퍼져 있으며 그 숫자는 5~6억 명 정도가 된다고 해요. 러시아와 그리스에는 천주교나 개신교와는 좀 다른 그리스도교인 '정교회' 신자가 2억 명 정도 있어요.

● 이슬람교

이슬람교는 그 발상지인 중동 지방에 특히 많아요. 이스라엘을 제외한 이란, 이라크, 사우디아라비아 등 전체 중동 국가가 이슬람교를 국교로 하고 있지요. 인도네시아, 말레이시아 등 동남아시아와 아프리카에도 많은 이슬람 신자들이 있어요. 세계 58개국이 이슬람을 국교로 정하고 있고, 이슬람교 신자의 숫자는 12억 명이나 된답니다.

● 힌두교

힌두교는 주로 인도에서 볼 수 있지요. 인도의 전체 인구는 10억 명 정도 되는데 그 중 80%가 힌두교 신자랍니다.

● 유대교

유대교의 대표 나라가 이스라엘이에요. 이스라엘 국민 600만 명 중에서 80%가 유대교인이에요. 유럽과 미국에도 적지 않은 유대교인이 있어서 전체 유대교인의 숫자는 1천5백만 명 정도예요.

우리나라는 어떨까요?

우리나라 국민 100명중 54명꼴로 종교를 갖고 있는 것으로 조사됐어요. 두 사람 중 한 명은 신앙 생활을 하고 있는 셈이죠. 종교별로 신자의 비율을 보면 불교가 26.3%로 가장 많았고, 그 다음으로는 개신교 18.6%, 천주교 7.0%, 유교 0.7%, 기타 1.1% 등의 순이라고 해요. 개신교와 천주교를 합한 그리스도교인의 숫자가 가장 빠르게 늘고 있대요.

세 번째 이야기

온 세상에 사랑을

− 그리스도교 이야기

너희는 원수를 사랑하며
너희를 미워하는 자들에게 잘해 주고
너희를 학대하는 사람들을 위해 기도해 주어라.
−신약성서(그리스도교 경전)

 이제부턴 우리나라에 있는 여러 종교에 대해 알고 싶어요. 우선 우리 엄마와 이모가 믿는 하나님에 대해서요. 그런데 엄마나 이모 모두 같은 하나님을 믿는다고 하면서 왜 각자 다른 곳으로 예배를 보러 가는 건지 모르겠어요. 엄마는 집 앞에 있는 개신교 교회에 나가시는데 이모는 천주교 성당엘 다니거든요. 개신교랑 천주교가 같은 것도 같고 다른 것도 같고……. 아무튼 헷갈려요.

하나가 뭘 궁금해 하는지 알겠어요. 그 답을 알려면 그리스도교의 역사부터 알아야겠지요. 하나 엄마가 믿는 개신교와 하나의 이모가 믿는 천주교는 모두 하나님*을 믿는 같은 그리스도교예요. 그리스도교는 다른 말로 기독교라고도 해요.

그리스도교는 이스라엘이란 작은 나라에서 시작되었는데, 처음의 그리스도교인들은 지배자들로부터 미움과 탄압을 받았어요. 그러다가 서기 313년 로마 제국의 콘스탄티누스 황제가 그리스도교를 인정한 다음부터는 눈부시게 성장할 수 있었지요. 로마 제국은 그 당시 세계에서 가장 힘 센 나라였거든요. 지금은 세계 모든 종교 가운데 가장 영향력이 큰 종교가 되었죠. 그리스도교에 대해 좀 더 알아볼까요?

* 개신교에서는 '하나님'이라고 부르고 천주교에서는 '하느님'이라고 부르지만 같은 신을 가리키는 것이며 차이는 없습니다. 여기서는 보다 많은 한국인 신자가 있는 개신교의 표현을 따랐습니다.

그리스도교의 창시자 예수님 이야기

예수는 지금부터 약 2000년 전에 이스라엘의 베들레헴이란 곳에서 태어났어요.(지금 세계 거의 모든 나라에서 쓰는 연도는 예수가 탄생한 해를 기준으로 하고 있어요. 서기 2005년이라면 예수가 태어난 지 2005년째 되는 해가 되는 셈이에요.)

하나님의 아들치고는 퍽 초라한 탄생이었죠. 말구유를 아기 침대로 썼을 정도였으니까요. 그렇지만 아기 예수를 인류의 구세주로 여긴 천사들과 동방 박사들은 별을 보고 찾아와 무릎을 꿇고 축하를 드렸답니다. 어린 예수는 다른 아이들과 마찬가지로 평범하게 자라면서 엄마, 아빠를 따라 유대교 회당에 다녔어요.

예수가 살던 때 이스라엘 사람들은 모두 유대교를 믿었어요. 유대교는 '야훼'란 이름의 신을 믿으면

무릎을 꿇고서 아기 예수의 탄생을 축하하는 동방 박사들. 아기 예수를 안고 있는 분이 어머니인 성모 마리아입니다.

서 신이 보내주시겠다고 약속한 구세주를 기다리는 종교예요. 그런데 유대교는 가난한 백성보다는 왕과 성직자들을 위한 종교가 되어버렸어요. 신자가 지켜야 할 의무(율법)만 강조하고, 그것을 지키지 않으면 무서운 신이 화를 내면서 혼내 줄 거라고 겁을 주었죠. 어른이 된 예수는 유대교 성직자들의 그런 태도가 마음에 들지 않았어요. 그리고 어떻게 하면 힘 없는 불쌍한 사람들을 고통에서 벗어나게 할 수 있을까 깊이 고민했습니다.

그리고 서른 살이 되었을 때 사람들 앞에 나가 하나님의 말씀을 전하기 시작했어요. 예수는 사람들에게 이웃을 사랑하는 것이 무엇보다도 중요하다고 말했지요. 그리고 하나님은 인간에게 벌을 내리는 분이 아니라, 잘못을 용서하고 한없이 사랑해 주시는 분이라고 알려 주었어요. 예수는 자신을 믿고 따르는 사람들에게 자신이 하나님의 아들(구세주)임을 밝혔어요. 그리고 제자들과 함께 여러 곳을 여행하면서 하나님의 말씀을 전하는 데 힘썼습니다. 그러는 가운데 기적 같은 일들도 많이 생겨났어요. 죽어가는 사람을 살리는가 하면, 눈이 먼 사람을 눈 뜨게 하고, 사나운 파도 위를 맨발로 걷기도 했어요. 한번은 이런 일도 있었어요.

어느 날 예수가 마을에서 떨어진 사막에서 하나님의 말씀을 전하는데 사람들이 오천 명이나 몰렸어요. 해가 질 무렵이 되자 모두들 배가 고파왔지요. 제자인 안드레아가 사람들에게 '혹시 먹을 것이 없느냐'하고 물었더니 마침 한 소년이 싸 온 도시락에 생선 두 마리와 빵 다섯 덩어리가 있었어요. 예수는 이 도시락 위에 손을 얹어 축복의 기도를 드리고 "이 떡과 생선을 저들에게 나누어 주어라."라고 말했어요. 제자들은 예수가 시키는 대로 음식을 나누어 주었는데 음식이 계속 도시락에서 쉬지 않고 나와 오천 명의 배고픈 사람들이 모두 다 배불리 먹고도 12 바구니나 남았답니다.

온 세상에 사랑을

예수가 기적을 일으킨 게 소문이 나자, 그를 따르는 사람들이 점점 더 많아졌고 이름도 널리 알려지게 됐어요. 그런데 당시 권력자들 눈에는 예수가 무척 성가신 존재였죠. 유대교의 성직자(랍비)들은 율법을 무시하고 멋대로 행동하는 예수가 너무 미웠어요. 예수는 율법을 지키는 일보다 이웃과 사랑을 나누는 일이 더 중요하다고 주장했거든요. 그래서 순진한 사람들을 속이고 다닌다는 누명을 씌워서 십자가에 못 박아 죽였답니다. 당시 십자가에 못 박는 형벌은 아주 사악한 범죄자에게 내리는 벌이었는데 예수에게 그 벌을 내린 것이지요.

십자가에 두 손과 발이 못에 박혀 처형당한 예수의 모습. 옆에 매달려 있는 두 사람은 강도질을 하다 붙잡힌 죄인들입니다.

예수가 꼼짝 못하고 죽는 모습을 본 사람들은 '예수가 하나님의 아들이 아닌가 보다.' 하고 실망했어요. 하나님의 아들이라는 사람이 자기 죽음도 막지 못하면서 어떻게 우리를 살릴 수 있느냐고 생각한 거지요. 그런데 예수는 죽은 지 사흘 만에 다시 살아나 사람들 앞에 나타났어요. 그리스도교에서는 이 예수의 부활을 가장 중요한 사건이라고 생각해요.

예수는 죽은 뒤에 다시 살아나서 40여 일 동안 자기를 따르던 사람들을 찾아다니며 하나님의 말씀을 온 세상에 전하라고 말한 뒤 마침내 하늘로 올라갔지요. 이 이야기는 모두 그리스도교의 경전인 '신약성서'에 생생하게 기록되어 있답니다.

> 그리스도교인들은 예수가 태어난 날과 죽음에서 부활한 날을 기념해 각각 '성탄절', '부활절' 축하 행사를 열어요. 그리스도교의 가장 큰 명절이지요. 또, 예수가 다시 살아나 하늘로 올라가기까지의 40일을 기리기 위해 '사순절'을 지내지요. 사순절 기간 동안 그리스도교인들은 예수의 아픔을 기억하며 경건한 마음으로 지낸답니다.

그리스도교인들이 믿고 따르는 성경의 가르침

 성탄절과 부활절 때 나도 엄마를 따라 교회에 간 적이 있어요. 교회를 아름답게 꾸미고 선물도 주고, 아주 축제 분위기였죠. 엄마는 나에게 교회에 다니라고 강요하진 않으시지만 가끔 성경 이야기를 해 주실 때가 있어요. 성경 속에는 하나님의 말씀과 예수님이 하신 일이 다 적혀 있다고 하네요. 아줌마, 성경은 누가 만들었어요? 어떤 책이에요?

전 세계에서 가장 많이 읽힌 베스트셀러 책은 뭘까요? 그게 바로 '성경'이에요. 성경은 영어와 한국어는 물론 그리스어, 아랍어, 인도 소수 민족의 언어 등 2000여 개 이상의 언어로 번역돼 있어요. 그리고 아직까지도 새로운 언어로 번역하는 작업이 계속 진행 중이고요. 성경이 이처럼 많이 보급된 것은 그리스도교인의 숫자가 많은 탓도 있지만 '사랑을 실천하라.'는 예수의 말씀이 많은 사람에게 감동을 주기 때문이에요. 성경이 어떻게 만들어지고, 어떤 이야기로 채워져 있는지 함께 살펴볼까요?

하나도 엄마가 보는 성경책을 조금이라도 읽어본 적이 있나요? 글씨가 너무 작고 두꺼워서 읽을 엄두가 안난다고요? 그래요, 아이들이 보기엔 좀 어려운 게 사실이에요. 그러나 성경이 처음부터 그렇게 두꺼웠던 것은 아니에요. 성경은 크게 구약과 신약의 둘로 나뉘는데 구약이 39권, 신약이 27권으로 모두 66권으로 되어 있었지요. 이것들이 처음엔 양가죽이나 두루마리 종이에 적혀 이곳저곳에 흩어져 있었어요. 그중에서 구약은 예수가 태어나기 전부터 있었고요. 그리고 예수가 돌아가시고 나서 한참 뒤에 그 분의 말씀을 담은 신약이 완성되었지요. 이것들이 모두 한데 모여서 지금 우리가 보는 것과 같은 한 권의 두터운 성경책이 된 거예요.

그렇다면 성경은 누가 쓴 걸까요? 성경은 하나님의 말씀을 기록한 것이기 때문에 결국 하나님이 쓴 거라 할 수 있어요. 다만 그 말씀을 기록하는 역할을 사람이 대신한 거지요. 모세, 누

1947년, 한 소년이 이스라엘 쿰란 지방의 동굴에서 우연히 옹기 항아리들을 발견하게 됐어요. 그 안에는 2000여 년 전에 쓰여진 두루마리 성경이 보관되어 있었지요. 그 일이 있은 뒤로 지금까지 많은 신학자들이 새로 발견된 두루마리 성경과 지금 읽고 있는 성경이 어떻게 다른지 연구하고 있어요.

이스라엘 쿰란의 풍경입니다. 절벽 가운데 동굴이 보이지요?

가, 요한 등 40명이 넘는 사람들이 성경을 기록했어요. 그렇게 66권 성경이 다 쓰여지기까지 오랜 세월이 걸렸죠. 기원전 1400년경에 쓴 '창세기'부터 기원후 100년경에 쓰여진 '4복음서'(마태복음, 마가복음, 누가복음, 요한복음)가 완성되기까지 무려 1500년이 걸렸답니다. '복음'은 복이 많고 기쁜 소식, 즉 예수님의 가르침이라는 뜻이에요.

그럼 이제, 성경이 왜 구약과 신약으로 나뉘는지 알려 줄게요. 앞에서 예수 탄생 이전에 쓰여진 것이 구약이고, 탄생 이후에 쓰여진 것이 신약이란 것은 이야기했지요? 그러니까 구약이 신약보다 훨씬 오래된 거죠. 그래서 구약에는 세상이 처음 생긴 이야기(창세기)와 유대 민족의 역사가 자세히 나와 있어요. 반면에 신약은 예수의 말씀을 기록한 것인데, 돌아가시고 나서 몇 십 년이 지난 뒤에야 쓰여졌어요. 신약은 거의 모두 예수의 제자들이 쓴 편지들로 이루어져 있어요. 그리스도교인들은 성경을 읽으면 하나님의 말씀을 만날 수 있다고 믿고 있어요.

가난하고 약한 사람들을 위한 말씀

예수는 누구나 알아들을 수 있는 쉬운 말로 하나님의 사랑을 전했어요. 못 배우고 가난한 사람들도 잘 이해할 수 있게 하기 위해서였지요. 그중에서도 신약성서 마태복음 5장에 기록되어 있는 여덟 가지 복에 대한 말씀은 예수의 가르침이 무엇인지 잘 보여주고 있어요.

마음이 가난한 사람은 행복하다. 하늘나라가 그들의 것이다.
슬퍼하는 사람은 행복하다. 그들은 위로를 받을 것이다.
온유한 사람은 행복하다. 그들은 땅을 차지할 것이다.
옳은 일에 주리고 목마른 사람은 행복하다. 그들은 만족할 것이다.
자비를 베푸는 사람은 행복하다. 그들은 자비를 입을 것이다.
마음이 깨끗한 사람은 행복하다. 그들은 하나님을 뵙게 될 것이다.
평화를 위하여 일하는 사람은 행복하다. 그들은 하나님의 아들이 될 것이다.

옳은 일을 하다가 박해를 받는 사람은 행복하다. 하늘나라가 그들의 것이다.

마태복음 5장 3~10절

이렇듯 예수는 슬퍼하는 사람, 가난한 사람들의 편에 서서 그들을 따뜻하게 감싸고 위로해 주었어요. 힘들어도 잘 참고 착하게 살려고 노력하면 하늘나라에 갈 수 있다는 희망을 준 거지요. 그래서 예수를 따르는 사람 중에는 약한 사람, 가난한 사람이 많았어요. 예수는 부자나 돈이 많은 사람보다 가난하고 아픈 이들을 더 많이 보살펴 주었거든요. 심지어 남들이 무시하고 손가락질 하는 거리의 여자까지도 감싸 주었어요. 사람들이 나쁜 짓을 한 여자를 예수 앞으로 끌고 와서 욕을 하자 예수는 이렇게 말했어요. '너희들 중에서 죄 없는 사람이 이 여자를 돌로 치라.' 하고 말이에요. 그러자 사람들은 아무도 돌을 들지 못했지요.

그렇게 가장 천대 받는 사람들을 모두 사랑으로 감싸 주면서 예수는 하나님의 사랑이 무엇인지 몸소 보여 주셨지요.

온 세계로 퍼져나간 그리스도교

그러니까 그리스도교에서는 '사랑'이 가장 중요하네요. 나도 이제부터는 동생을 사랑하고 친구를 사랑하는 사람이 될래요. 그런데 아줌마, 힘센 사람들에게 미움만 받고 신자도 얼마 안 되던 그리스도교가 어떻게 전 세계에서 가장 많은 사람들이 믿는 종교가 된 거예요?

뭐니 뭐니 해도 이웃을 사랑하고 정직하게 살면 천국에 갈 수 있다는 가르침이 많은 사람들에게 감동을 주었기 때문이었겠지요. 그리고 예수의 제자들이 그리스도교 전파를 위해 아주 열심히 일한 것도 빼놓을 수 없어요.

그중 가장 큰 역할을 했던 사람은 바울이에요. 바울은 원래 그리스도교인을 미워하는 사람이었는데 어느 날 하늘에서 들리는 예수의 목소리를 듣고 그전과는 전혀 다른 사람이 됐어요. 원래 이름이었던 사울을 바울로 바꾸고 예수의 복음을 전하는 제자가 되어 시리아, 터어키, 그리스 등지로 돌아다니면서 전도 활동을 벌였지요.

돌에 맞기도 하고, 감옥살이도 하면서 바울은 마침내 로마까지 가서 복음을 전했어요. 로마는 당시 세계의 중심지이자 그리스도교를 박해하던 로마 제국의 수도이기도 했어요. 바울을 비롯한 열성적인 신자들의 목숨을 건 노력으로 1세기 경에는 로마에도 그리스도교인의 숫자가 꽤 많아지게 되었답니다.

그리스도교인의 숫자가 점차 많아지자 로마의 황제와 귀족들은 골치가 아팠어요. 신자들이 계속 늘어나면 결국 자기들이 그리스도교인들에 의해 쫓겨나게 될 지도 모른다고 생각한 거죠. 그러나 그리스도교를 믿으면 죽이겠다고 위협해도 겁내지 않으니 손쓸 방법이 없었어요. 예수를 믿는다는 죄로 수많은 사람을 붙잡아 죽였지만 그럴수록 그리스도교인의 숫자는 불어나기만 했어요. 어떤 그리스도교인들은 콜로세움이라고 부르는 경기장에서

이탈리아 로마에 있는 콜로세움이에요. 로마의 귀족들은 여기서 무사들의 결투나 맹수와 인간의 싸움 같은 잔인한 경기를 스포츠 경기를 보는 것처럼 즐겼어요.

터키 이스탄불에 있는 소피아 성당 내부의 모습이에요. 돔 천장에 예수의 어머니 마리아가 아기 예수를 안고 있는 모습이 보입니다. 색유리를 한 창문도 매우 아름답습니다.

굶주린 사자의 밥이 되기도 했지만 신앙심은 꺾이지 않았어요.

이렇게 예수가 돌아가신 후 300년 동안 갖은 박해를 받던 그리스도교는 313년 콘스탄티누스 황제에 의해 인정받게 되었어요. 원래 콘스탄티누스 황제는 태양신을 믿는 미트라교 신자였지만 어머니와 부인이 그리스도교인이었기 때문에 그리스도교를 그리 나쁘게 생각하지는 않았어요. 그러던 어느 날, 중요한 전투를 앞에 두고 잠자리에 들었는데 꿈에 '이 표시를 가지고 전투에 나가면 승리하리라.'라는 말과 함께 '그리스도'라는 단어를 보게 됐대요. 꿈에서 깨어난 황제는 꿈속의 말대로 했고, 전투에서 큰 승리

> 혹시 영어 이름 가운데 폴(Paul)이라고 들어 보았나요? 폴이 바로 바울이에요. 그리고 영어 이름에 흔한 존(John)은 요한에서, 피터(Peter)는 베드로에서 따온 이름이에요. 바울, 요한, 베드로는 예수의 열두 제자 중에서도 가장 중요한 인물들이지요. 이와 같이 그리스도교 국가에서는 이름을 지을 때 성경 속에 나오는 예수님의 제자 이름에서 따오는 경우가 많아요.

온 세상에 사랑을

를 거두게 됐죠. 그 사건 이후로 콘스탄티누스 황제는 국민들에게 그리스도교를 마음놓고 믿어도 된다고 정식으로 선포하게 됐어요. 그리고 392년 테오도시우스 황제 때는 그리스도교가 로마 제국의 공식 종교(국교)가 되면서 유럽 전체에 퍼져 나갔고 가장 강력한 힘을 가진 종교가 되었답니다.

사실 로마가 그리스도교를 받아들인 것은 다른 속셈도 있었어요. 하나님 다음에 예수님이 있고, 예수님 다음에 황제가 있다는

그리스·로마 신화에 나오는 신들은 누구일까요?

예수가 태어나기 훨씬 전부터 그리스와 로마 사람들은 많은 신들을 믿었어요. 제우스(신들의 왕이며 주피터라고도 해요), 헤르메스(신들의 사자이며 머큐리라고도 해요), 아프로디테(미의 여신이며 비너스라고도 해요) 등 맡은 일이 제각기 다른 많은 신들이 있었는데 이 신들은 사람처럼 서로 싸움도 하고 사랑에 빠지기도 하죠. 그런데 이 신들은 인간을 심판하거나 고통에서 구원해 주는 존재가 아니었어요. 성직자와 귀족들이 나라를 위한 제사를 지낼 때 섬길 뿐이었으니까 오늘날의 종교와는 거리가 멉니다.

모든 신들의 우두머리인 제우스와 그의 아내인 헤라예요. 옛날 그리스 사람들은 두 신이 부부싸움을 하면 폭풍이 일어난다고 생각했어요.

식으로 해서, 모든 사람 위에 있는 하나님의 힘을 이용하여 황제의 지위를 굳건히 하려고 했던 것이죠. 실제로 로마 제국이 그리스도교를 국교로 받아들이게 되면서 로마 제국은 곧 그리스도교 제국이 되었고 황제의 권위도 그만큼 높아지게 됐어요.

그 후부터 그리스도교의 역사가 곧 서양의 역사라고 할 만큼 그리스도교는 서양 문화에서 중요한 위치를 차지하고 있어요. 문학, 미술, 음악, 건축 등 모든 예술에 그리스도교의 영향이 얼마나 컸는지 유럽을 여행해 보면 금세 알 수 있어요. 세계 7대 불가사의에 들어가는 소피아 성당이나 사람이 그렸다고 믿을 수 없을 정도로 훌륭한 레오나르도 다빈치, 미켈란젤로의 그림 등은 신앙의 힘에 의해 만들어진 것이니까요.

하늘의 새도 떨어뜨리는 교황의 권위

엄마가 믿는 개신교와 이모가 믿는 천주교는 같은 그리스도교라고 하셨잖아요.

하나님과 예수님을 섬기는 것도 똑같고, 같은 내용의 성경책을 읽고 말이에요. 하지만 개신교의 성직자인 목사님들과는 달리 천주교의 신부님이나 수녀님들은 결혼을 하지 않는다면서요? 예배드리는 방법도 다르고요. 왜 이렇게 달라진 거지요?

온 세상에 사랑을 59

맞아요. 개신교와 천주교는 하나의 뿌리에서 나왔어요. 처음엔 천주교뿐이었어요. 천주교에서 갈라져 나온 개신교의 역사는 500년 밖에 안돼요. 두 개의 가지로 갈라진 것을 이해하려면 그리스도교의 역사를 조금 더 공부해야 해요.

그리스도교가 시작됐을 때 신자 중에서 제일 높은 자리에 있는 사람이 '교황'이었어요.(지금도 교황은 천주교에서는 가장 높은 분이에요.) 교황은 '예수의 대리자'입니다. 예수가 하늘로 올라가면서 제자들에게 뒷일을 맡겼는데 그중 한 명인 베드로가 어려움을 물리치고 로마에 교회를 세우지요. 그래서 베드로가 첫 번째 교황이 되고, 베드로의 뒤를 이어 로마 교회의 책임을 맡은 사람들이 교황의 자리에 차례로 오르게 되요.

그럼 교황은 나라를 다스리는 황제와 어떤 관계에 있는 걸까요? 황제의 허락을 받아 교회를 처음 세웠을 때는 물론 황제가 최고였어요. 그러나 신자들이 늘어나고 교회가 커지면서 교황의 힘도 점점 커졌어요. 교황은 하나님의 말씀을 전해 주는

사람이기 때문에 국민들에게 황제보다도 높은 권위를 갖게 됐어요. 교황에게 불만을 품는 것은 곧 하나님을 무시하는 것과 같기 때문에 황제까지도 교황에게 꼼짝 못했으니까요. 교황의 말이라면 하늘을 날아다니는 새도 떨어뜨릴 정도였지요.

카노사의 굴욕

교황에게 불만을 가진 로마의 황제 하인리히 4세는 성직자를 임명하는 권한을 교황에게서 뺏으려고 했지만 오히려 교황의 힘에 밀려서 자기가 황제의 자리에서 쫓겨나게 됐어요. 애가 탄 황제는 교황이 머물고 있는 카노사 성을 찾아가 '잘못했습니다. 제발 용서해 주세요.' 하면서 싹싹 빌었습니다. 사흘 동안 눈을 맞으면서 맨발로 성문 밖에 서서 빌었어요. 1076년에 일어난 이 사건을 '카노사의 굴욕'이라고 부르는데 이 사건이 있은 후 교황의 힘은 더 커지게 됐지요.

이렇게 엄청난 힘을 가진 교황과 성직자들은 점차 자기가 해야 할 일을 잊고 욕심을 채우는 데에만 열중하게 됐어요. 심지어 아름다운 성당을 짓기 위해 신자들에게 면죄부를 팔기까지 했어요. 면죄부가 뭐냐 하면 세상에서 지은 죄를 모두 용서받을 수 있다는 표시가 있는 종이에요. 이것만 있으면 아무리 나쁜 짓을 한 사람이라도 모든 죄를 용서 받고 천국에 갈 수 있다는 거였죠. 면죄부를 판 돈으로 교황청과 성직자들은 더욱 부자가 되었으니 정말 말도 안 되는 일이 벌어진 거지요.

종교개혁으로 갈라진 그리스도교

그때 참다 못한 한 성직자가 용감하게 앞으로 나섰습니다. 교황의 권위에 도전한 그 사람의 이름은 마틴 루터! 1517년 그는 면죄부를 파는 교황청의 행위를 정면으로 공격하고 나섰어요. 이 일로 인해 마틴 루터는 신부의 직위도 빼앗기게 되었지요. 그렇지만 그 사건을 계기로 그리스도교는 천주교와 개신교로 갈라지게 되요. 옛날 전통대로 교황을 중심으로 예수의 가르침을 따르는 게 천주교이고, 루터 같은 개혁파들이 만든 게 개신교이지요. 개신교는 그전에는 아무나 함부로 읽을 수 없었던 성경을 각 나라말로 번역하여 모든 사람이 성경을 쉽게 읽을 수 있도록 했어요. 이런 커다란 변화를 '종교개혁'이라고 부르지요.

개신교에서는 교황을 인정하지 않아요. 그 대신 목사를 통해 하나님의 말씀을 전해 듣기 시작했어요. 목사에게는 교황과 같은 큰 권위는 없어요. 목사는 어디까지나 하나님의 말씀을 전하는 사람일 뿐이에요. 이 점이 바로 개신교와 천주교의 큰 차이죠. 개신교의 교회는 형식보다 중요한 것은 하나님의 말씀이라고 생각하여

종교개혁을 일으킨 마틴 루터의 모습이에요.

바티칸은 교황이 계신 곳이에요. 바티칸은 면적이 0.44km², 인구는 1,000명 쯤 되는 세계에서 가장 작은 나라이기도 하지요.

교황은 '추기경'이라고 부르는 천주교 성직자들이 한자리에 모여 투표로 뽑아요. 교황은 10억 명이 넘는 천주교 신자들을 하나로 묶는 중요한 역할을 하지요. 2005년 4월 2일 돌아가신 요한 바오로 2세 교황은 천주교 신자뿐 아니라 전 세계 사람들의 존경을 받은 분이었어요. 그분은 지구를 무려 30바퀴나 돌면서 끊임없이 화해와 용서의 말씀을 전했습니다. 전쟁이 있는 곳에 찾아가 평화를 호소하고, 유대교와 이슬람교 같은 다른 종교와도 대화를 나누었지요. 심지어 자기에게 총을 쏘아 상처를 남긴 죄인까지도 감옥으로 찾아가 용서한 위대한 분이었답니다.

예배를 드릴 때 특별한 의식이나 절차는 생략하고 성경 말씀 듣는 시간을 가장 중요하게 생각해요.

어때요, 천주교와 개신교가 갈라진 이유를 이해하게 됐나요? 지금도 천주교는 교황을 중심으로 전통을 지켜 오고 있고, 개신교는 다양한 교파로 나뉘어지면서 곳곳에 수많은 교회를 세웠어요.

 아, 이젠 알겠어요. 나는 과일 중에서 딸기를 제일 좋아하는데 우리 오빠는 수박을 제일 좋아해요. 그렇지만 둘 다 맛있고 우리 몸에 좋은 거잖아요. 그것처럼 개신교 교회를 다니든, 천주교 교회(성당)를 다니든 어느 교회를 다니는 게 중요한 게 아니라 예수님의 가르침대로 착하게 살면 되는 거겠죠?

아줌마, 그런데요, 또 궁금한 게 있어요. 우리 이모는 이름이 두 개예요. 하나는 외할아버지가 지어 주신 이름이 있고요, 다른 하나는 성당에서 지어 준 '마리아'란 이름이 있어요. 성당에서 이름을 따로 지어주는 이유는 뭐죠?

경건한 분위기의 천주교 미사

하나 이모가 가진 마리아란 이름은 영세명이에요. 영세명이 뭐냐고요? 천주교 신자가 되기 위해 치루는 의식을 영세라고 하는데 영세를 받을 때 받는 이름이에요. 영세명은 주로 성경 속에 나오는 인물에서 이름을 따오죠. 그분처럼 살겠다는 의미로요.

그럼 천주교에 대해 좀 더 자세히 알아볼까요?

천주교에서 천주(天主)라는 말은 하늘의 주인이라는 뜻이에요. 영어로는 가톨릭(Catholic)이라고 하죠. 개신교의 교회와 달리 예배하는 장소를 성당이라고 부르고, 예배도 미사라고 해요. 미사는 하나님과 만나는 경건한 시간이기 때문에 소홀히 할 수 없어요. 그래서 일단 미사를 드리기 전부터 몸과 마음을 깨끗이 한다는 의미로 성당 문 옆에 있는 성수를 손에 바른 뒤 성호를 긋지요.

성호를 긋는 게 뭐냐고요? 손가락으로 이마와 가슴, 왼쪽 어깨, 오른쪽 어깨 순서로 십자가를 그리는 건데, 성호를 긋는 것은 내 몸에 십자가를 그리는 것과 같아요. 천주교 신자라면 신앙고백이나 기도를 한 뒤에는 반드시 성호를 그어요. 그러면서 '성부와 성자와 성령의 이름으로 아멘.' 하고 말하죠. 성부는 하나님, 성자는 예수님, 그리고 성령은 눈에 보이지는 않지만 언제 어디서나 우

천주교 성당에서 신자에게 영성체를 하는 모습이에요.

리와 함께 있는 하나님의 기운이랍니다.

　영세를 받고 영세명을 가진 사람은 미사 중에 영성체를 할 수가 있어요. 영성체는 신부님이 주시는 작은 빵 조각을 받는 것인데 빵은 예수의 몸을 뜻해요. 그렇기 때문에 영성체를 한다는 것은 예수를 내 몸 안에 모신다는 의미인 거죠. 이 의식은 예수가 살아 계실 때 제자들과 마지막 저녁식사 자리에서 제자들에게 빵을 주면서 '이것은 내 몸이니라.' 라고 말씀하신 것에서 유래되었어요. 이렇게 영성체를 입에 넣는 의식을 마치면 자리로 돌아와 앉아 기도를 드린 뒤에 찬송을 부른답니다. 이렇듯 미사 시간은 조용하고 경건한 분위기에서 진행됩니다.

　천주교인은 집에서도 해 뜰 무렵, 정오, 해 질 무렵 이렇게 하루에 세 번씩 기도를 바쳐요. 이 기도를 삼종기도라고 하는데 천주교인들에게는 중요한 관습이랍니다.

수많은 순교자를 낳은 우리나라 천주교

우리나라에 천주교가 처음 들어온 지는 200년이 넘었어요. 지금은 천주교를 믿는다고 해서 누가 뭐라지 않지만 옛날엔 그렇지 않았어요. 서양 선교사에 의해 천주교가 본격적으로 전파되었던 1800년대는 서양에서 들어온 것은 무조건 나쁘다고 여겼던 시대였기 때문에 서양 신을 믿는 것을 엄격하게 금하고 있었거든요. 그래서 천주교를 믿는다고 하면 감옥에 갇히거나 사형을 당하게 되었죠. 그래도 자신의 신앙을 위해서 아낌없이 목숨을 바친 사람들이 많았어요. 그런 사람들을 순교자라고 부른답니다. 그런 순교자들의 희생이 있었기에 천주교가 이만큼 자리를 잡을 수 있게 되었죠.

그런 아픈 역사가 있어서인지 지금도 천주교는 자기를 희생하고 남을 위해 사는 삶에 관심이 많아요. 양로원에 계신 어른들이나 고아원의 아이들을 돌보고, 가난한 이웃을 위해 기도하는 천주교 신자들이

서울 양화대교 근처에 있는 절두산 성지예요. 조선 말기 흥선대원군 때 수많은 천주교인의 목을 잘라 죽인 곳이에요.

● 따르고 싶은 아름다운 사람 마더 데레사

데레사 수녀님은 어려서부터 성당을 열심히 다니다가 수녀가 된 후에 인도로 건너왔습니다. 수녀님은 인도의 캘커타 빈민가에서도 가장 가난한 사람들이 모여 사는 곳을 택해 '사랑의 선교회'라는 작은 집을 마련했어요. 이곳에서 나환자를 돌보고, 부모를 잃고 갈 곳 없는 아이들도 돌보고, 집이 없어 길에서 죽어가는 사람들까지 보살폈지요. 그렇게 남을 위해 봉사하며 살다가 1997년에 돌아가셨습니다.

데레사 수녀님이 어떤 분인지 좀 더 알기 위해 그분이 하신 말씀을 들려줄게요. 아줌마가 인도에 갔을 때 수녀님께 들은 말을 일기장에 적어둔 거랍니다.

아프고 집이 없고 먹을 것이 없다는 것이 문제가 되는 것은 아니에요. 우리들에게 부족한 것은 음식이나 좋은 옷이 아니라 사랑일지도 모릅니다. 사랑은 어디에서 시작될까요? 우리가 함께 기도할 때 시작됩니다. 하나님은 분명 우리를 사랑하시고 또 선물도 주십니다. 그분께서 주시는 사랑의 선물은 자물쇠로 걸어 잠그고 보관해 두라고 주시는 게 아니라 서로 나누라고 주시는 것입니다. 쌓아 두면 쌓아 둘수록 줄 수 있는 것은 적어집니다. 가진 것이 적으면 적을수록 나누는 방법을 제대로 알게 되지요. 집 없이 떠도는 사람들, 병자, 술주정뱅이, 도둑이 바로 내 형제 자매입니다. 그들이 거리에 버려진 것은 그들을 사랑하고, 이해해 줄 사람이 아무도 없었기 때문인지도 몰라요. 어떤 주정뱅이가 누구의 사랑도 받지 못한다는 사실을 잊기 위해 술에 빠져 들었다고 한 얘기를 잊을 수가 없습니다. 우리에겐 사랑이 부족합니다. 하나님의 사랑에 가슴을 열고 그 사랑을 받아 다른 사람에게 나눠 드리세요.

많지요. 그게 다 예수님의 사랑이 있었기에 가능한 일이겠지요?

내가 만난 수녀님 한 분은 스페인에서 오셨는데 수원 조원동에 있는 '경노수녀회'에서 운영하는 양로원에서 봉사 활동을 하세요. 한번은 겨울에 찾아 갔는데 수녀님 방은 너무 추웠고 노인들이 사시는 방은 무척 따뜻했어요. 수녀님은 여기저기서 돈을 조금씩 받아 가지고, 70명이나 되는 갈 곳 없고 의지 할 곳 없는 노인들을 모시고 계세요. 참된 종교의 정신은 바로 이런 게 아닐까요? 약한 이웃을 보살피며 아름다운 세상을 만드는 것! 모두 함께 더불어 사는 세상을요.

교파는 많아도 뜻은 하나인 개신교

천주교에 다니는 친구들은 그냥 성당에 다닌다고 하는데 교회에 다니는 친구들은 장로교회에 나간다고 하는 친구도 있고, 감리교회, 성결교회 등 제각기 나가는 교회의 명칭이 달라요. 이처럼 개신교는 그 안에도 종류가 많다고 들었는데 왜 그렇게 많은 교파로 갈라진 거죠?

하나 말대로 개신교는 천주교와는 달리 교파가 많아요. 장로교, 감리교, 침례교 등 대략 40여 개가 넘는 교파가 있는데 이 중에서 장로교의 역사가 가장 길고 신자수도 많지요. 이렇게 교파가 나뉘어진 이유는 성경 말씀을 중요하게 생각하는 개신교의 특성과 관련이 있어요. 성경 구절을 어떻게 해석하느냐에 따라 의견이 달라지면서 파가 생긴 것이죠. 어떤 교파는 성경 공부 많이 하는 걸 최고로 치고, 어떤 교파는 복음을 전파하는 데 힘쓰고, 어떤 교파는 예수가 그랬던 것처럼 성경 말씀으로 병자를 치료하기도 하고, 어떤 교파는 세례 의식을 중요하게 생각하지요.

중요하게 생각하는 게 약간씩 다르지만 크게 보면 별 차이가 없어요. 천주교에 비해 개신교의 예배는 의식이 별로 없어요. 성경에 나온 말씀을 전하는 목사님의 설교가 가장 중요하지요. 목사님을 통해 예수님의 말씀을 전해 듣는 것이 예배의 중심이에요. 천주교 교회(성당)에 있는 성모마리아 상도 없고 영성체도 없어요. 다만 어떤 교파에서는 성찬식이라고 하여 떡이나 빵을 포도주와 함께 나눠 먹으면서 예수의 사랑을 기억하기도 해요.

열심히 선교 활동을 하는 개신교

천주교에서 갈라져 나온 개신교의 역사는 500년에 불과하지만 짧은 시간에 많은 사람들에게 전파되었어요. 하나님과 예수님의 말씀을 모르고 사는 사람들을 위해 세계 곳곳에 선교사를 파

견했기 때문이에요. 맹수가 우글거리는 아프리카의 밀림이나 에스키모가 사는 알라스카까지 선교사가 없는 곳이 없어요. '원시림의 성자'로 불리우는 슈바이처 박사도 그런 분이었어요. 신앙심이 깊은 선교사들은 자신의 종교를 위해 목숨을 바치기도 한답니다. '복음을 땅 끝까지 전하라.'고 한 예수님의 말씀을 따른 열두 제자들처럼요.

아줌마가 가 본 태평양의 플라우라는 작은 섬에도 외국인 선교사가 들어와 있었어요. 이 선교사는 작은 교회를 세워 하나님의 말씀을 전하는 일을 하고 있더군요. 뿐만 아니라 마을 사람들과 같이 우물을 파고, 아이들도 돌봐 주고, 영어를 가르쳐 주는 일도 했어요. '네 이웃을 네 몸 같이 사랑하라.'는 예수의 가르침을 실천하고 있는 거예요. 종교의 힘은 위대하다는 것을 지켜보게 된 순간이었지요.

우리나라에 개신교가 들어온 것은 조선시대가 끝날 무렵인 1800년대 말의 일이에요. 천주교보다 훨씬 나중에 들어왔죠. 미국에서 들어온 선교사들이 우리나라에 교회를 세워 복음을 전하며 동시에 서양의 문화를 우리에게 전해 주었어요. 당시 우리나라는 서양에 비해 과학이나 의료 기술이 훨씬 뒤떨어졌기 때문에 선교사들은 학교나 병원을 세워 어려운 사람들을 도와주면서 선교 활동을 시작했어요. 1885년 미국 선교사 알렌이 세운 광혜원은 우리나라의 첫 서양식 병원이었지요. 그밖에 아펜젤러, 언더우드 등의 선교사들이 학교와 교회를 세웠답니다. 연세대학교, 배재고등학교, 이화여자고등학교 등이 이때 세워졌어요. 이런 선교사들의 노력 덕분에 우리나라에서 개신교는 무척 빨리 성장할 수 있었습니다.

길거리나 전철 안에서 교회에 나가라며 노래를 부르거

나, 전단지를 나눠주는 분들을 가끔 보게 되요. 그런 게 전도 활동이지요? 교회 다니는 친구들이 왜 나 보고 자꾸 교회에 가자고 하는지도 이제 알았어요. 그 친구는 나에게 예수의 사랑을 알려주고 싶었던 거겠죠?

● 따르고 싶은 아름다운 사람 문익환 목사

문익환 목사(1918~1994)는 우리나라의 위대한 인물 중 한 분입니다. 문 목사님은 평생을 우리나라의 민주화와 통일을 위해 몸을 바쳐 일하셨어요. 그래서 18년 동안 여섯 차례의 옥살이를 해야 했지요. 또한 남북통일을 의논하기 위해 1989년 북한을 방문해 김일성 주석을 만나기도 했어요. '통일 할아버지'라는 별명이 붙을 만큼 통일을 위해서라면 물불을 가리지 않고 뛰어다니셨지요. 이런 활동을 인정받아 1992년 노벨평화상 후보로 추천되기도 했었습니다.

그러나 목사님은 영웅이 되고 싶어서 이런 일들을 했던 건 아니었어요. 단지 가장 그리스도교 신자다운 삶을 살고 싶었을 뿐이었죠. 목사님을 기억하는 분들은 한결같이 '목사님은 슬픔과 절망을 기쁨으로 바꿔버리는 분'이라고 기억하고 있어요. 그분의 아들인 영화배우 문성근 아저씨는 이런 말을 했어요.

"아버지 때문에 내 인생이 너무 힘들었다고 생각해서 아버지가 감옥에 계실 때 한 번도 찾아간 적이 없었습니다. 그러나 정말 후회가 됩니다. 아버지는 가족보다는 나라를 먼저 생각하신 분이셨지요. 자기 몸을 나라에 완전히 바친 분이셨어요."

네 번째 이야기

살아 있는 것은 아무것도 죽이지 말라

― 불교 이야기

악한 일을 하지 말고
선을 쌓고 마음을 깨끗이 하라.
이것이 부처님의 가르침이다.
―법구경(불교 경전)

 나는 할머니 따라 절에도 몇 번 가 본 적이 있어요. 그런데 들어갈 때마다 할머니 손을 꼭 잡고 가요. 절 입구에 서 있는 험악한 얼굴을 한 커다란 나무 인형들이 너무 무서워서요. 조용하고 평화로운 절에 왜 그런 무시무시한 것을 세워 놓았나요?

그리스도교가 하나님을 믿는다면 불교는 부처님을 믿는 종교인가요? 하나도 그렇게 생각해요? 많은 사람들이 불교를 부처님을 믿는 종교로 알고 있는데 그건 아니에요. 왜냐하면 부처님은 신이 아니라 우리와 똑같은 사람이거든요. 불교를 일으킨 붓다(부처님) 스스로 '나는 신이다.' 혹은 '신이 보내서 왔다.' 라고 한 적이 없고, 또 자신을 신처럼 받드는 것을 원하지도 않았어요. 모든 사람에게는 태어날 때부터 부처가 될 수 있는 씨앗이 있으며, 노력하면 누구나 깨달음을 얻어 부처가 될 수 있다고 말씀하셨습니다.

참, 하나가 무섭다고 말한 나무 조각상 말이에요, 그건 사대천왕이라는 거예요. 사대천왕이 무서운 얼굴을 하고 있는 것은 사람을 겁주기 위해서가 아니랍니다. 네 분의 천왕이 각각 동서남북 네 방향을 막고 서서 부처님이 계신 절에 나쁜 기운이

살아 있는 것은 아무것도 죽이지 말라

들어오지 못하게 하고 있는 거예요. 얼굴은 무섭게 생겼어도 절을 지켜 주는 고마운 신이죠. 절에는 이렇게 나무나 돌로 만든 조각상들이 많아요. 그럼 이제부터 불교에 대해서도 함께 알아볼까요?

> 부처의 본래 이름은 싯다르타(Siddhartha)예요. '진리를 깨달은 사람'이라는 의미의 붓다(Buddha)라고도 하지요. 부처란 말은 붓다가 우리식 발음으로 변한 것이랍니다. 그밖에도 샤카족의 성자란 뜻의 석가모니, 여래, 세존 등 부처에게는 이름이 많아요.

불교의 창시자 붓다 이야기

붓다는 지금부터 약 2500년 전에 인도 북부 히말라야 산기슭에 있는 아주 작은 왕국의 왕자로 태어났어요. 예수보다 544년이나 더 빨리 태어났어요. 태어나자마자 동쪽을 향해 일곱 발자국을 걸어간 다음 '천상천하 유아독존'이라는 말을 했다고 해요. 그 말은 모든 인간은 저마다 귀하고 존엄한 존재라는 뜻이지요.

아기 붓다를 보러온 아시타라는 예언자는 "이 아기가 인생의 슬픈 모습을 알게 된다면, 세상에 위대한 가르침을 펼치는 '깨달음을 얻은 스승'이 될 것입니다. 내가 너무 늙어 이 아기가 커서 들려줄 가르침을 듣지 못하는 것이 정말 안타까울 뿐입니다."라

고 말했어요. 이 말을 들은 붓다의 아버지는 기분이 별로 좋지 않았지요. 아들이 자신의 대를 이어 훌륭한 왕이 되기를 원했거든요. 그래서 왕은 붓다를 왕궁 밖으로 나가지 못하게 했어요.

붓다는 아버지의 보호 아래 왕자로서 행복하게 살았어요. 예쁜 공주와 결혼을 하여 아들도 낳았지요. 그렇게 행복하게 살던 어느 날, 성문 밖 세상이 너무 궁금해서 나가 보았다가 놀라운 사실을 알게 되었어요. 농부들이 땅을 파헤치자 땅속에서 벌레가 나왔는데 새들이 그걸 보고 날아와 얼른 잡아먹는 거예요. 그때 붓다는 '아! 세상은 이렇게 서로 먹고 먹히는 비참한 세계이구나!' 하고 깜짝 놀랐어요.

그 다음부터 세상의 모습을 더 알고 싶어서 아버지 몰래 성문 밖에 나가는 일이 잦아졌지요. 그러던 어느 날, 동쪽으로 나갔다가 나이가 무척 많은 꼬부랑 노인을 만났어요. 그리고 그 다음 날

살아 있는 것은 아무것도 죽이지 말라 79

은 남쪽으로 나갔다가 병든 사람을 보았고, 그 다음 날은 서쪽으로 나갔다가 시체를 보았지요. 그때 붓다는 사람은 누구나 태어나서, 늙고, 병들어, 죽는다는 사실을 알고 큰 충격을 받았어요.

그 후에 북쪽으로 갔다가 한 수행자를 만났어요. 옆에 있던 마부에게 '저 사람은 뭐하는 사람이냐?'고 물으니 마부는 '인생에 대한 깨달음을 얻기 위해 떠도는 사람'이라고 대답했지요. 그러자 붓다는 '나도 인생에 대한 깨달음을 얻어야겠다.'고 결심하고 한밤중에 몰래 집을 떠났어요. 그때 붓다의 나이는 29살이었고요.

붓다는 숲으로 들어가 6년 동안 오로지 깨달음을 위해 고행을 했다고 해요. 그러다 보니 몸도 약해지고 기운이 하나도 없었어요. 불교 경전에 보면 붓다가 그때를 회상하며 한 말이 나와 있어요.

'하루 쌀 한톨 밖에는 음식을 먹지 않으니 내 엉덩이는 마치 물소 발굽과 같았고, 내 두 눈은 마치 깊은 우물

제자들과 신자들에게 둘러싸인 채 열반(돌아가신다는 뜻)하는 순간의 붓다.

바닥처럼 깊어졌고, 머리는 오그라들었으며, 내 배는 등뼈에 붙어 버렸다.'

 이때 수자타라는 처녀가 우유죽을 한 그릇 가져왔어요. 몸이 쇠약해져 있던 붓다는 그 처녀가 가져다 준 우유죽을 먹고 힘을 찾을 수 있었어요. 그 힘으로 보리수 아래에 앉아 다시 수행에 집중을 할 수가 있었죠. 그날 새벽 해가 막 뜨려는 순간에 붓다는 드디어 깨달음을 얻었어요. 그때 나이는 35세로 집을 나와 수행을 한 지 6년 만에 진리를 깨달은 것이지요.

 붓다는 그 후 45년 동안 여기저기 돌아다니며 자신이 깨달은 진리를 사람들에게 전했어요. 그의 말을 통해 깨달음을 얻으려고 주변에는 많은 사람들이 몰려들었지요. 사람들은 붓다처럼 깨달음을 얻기 위해 출가(붓다처럼 되기 위해 머리를 깎고 집을 떠나는 것)를 했고 그래서 불교 공동체인 승가가 생겨났어요. 붓다의 아들인 라훌라도 커서 승가에 들어가게 되었지요. 나중에는 붓다의 어머니, 아버지, 부인, 친척들도 모두 제자가 되어 승가의 가족이 되었어요. 이렇게 붓다는 깨달음을 얻고자 하는 많은 사람을 위해 가르침을 전하다가 80세에 돌아가셨습니다.

> 모든 종교는 일년에 서너 번 정도의 기념일이나 행사, 축제가 있어요. 창시자의 생일이나 중요한 사건이 있었던 날이지요. 그리스도교에 성탄절이 있다면 불교에는 붓다(부처님)의 탄신일이 가장 큰 기념일입니다. 불교의 4대 명절은 다음과 같아요.
>
> - 탄생일(부처님 태어나신 날) – 음력 4월 8일
> - 출가일(부처님이 집 떠나신 날) – 음력 2월 8일
> - 성도일(부처님이 깨달으신 날) – 음력 12월 8일
> - 열반일(부처님이 세상을 떠나신 날) – 음력 2월 15일

욕심을 버리고 자비를 베풀라

붓다가 돌아가신 뒤 제자들은 그가 남긴 말씀을 중요하게 생각해서 모두 모였어요. 이 일을 '결집'이라고 하는데, 이런 결집은 역사적으로 몇 차례 있었어요. 2차 결집 때까지는 붓다의 말씀을 그대로 외우고 있는 제자가 다른 사람에게 그것을 전해 주면 전해 받은 사람이 그것을 또다시 외워서 다른 사람에게 전달

하는 방식으로 부처님의 말씀을 전했어요. 그런데 붓다가 돌아가신 뒤 100년이 지난 다음에 있었던 3차 결집 때는 외워서 전할 게 아니라 글로 기록해 전하기로 했어요. 그렇게 해서 〈아함부〉라고 하는 초기 경전이 탄생하게 되었죠. 이후 불교가 발전하면서 경전이 더 많이 편찬되게 되는데, 그 모든 것을 통틀어 〈팔만대장경〉이라고 해요.

그렇다면 불교 경전을 통해 우리가 배울 수 있는 깨달음이란 무엇일까요? 붓다는 무엇을 우리에게 가르쳐 주고 싶으셨던 걸까요?

붓다는 사람으로 태어난 그 자체를 고통으로 보았어요. 그리고 고통의 원인이 욕심과 집착 때문이라며, 그것으로부터 벗어나야 행복해질 수 있다고 말씀하셨어요. 쉽게 말하자면 가질 수 없는 것을 가지려 하기 때문에 괴로운 마음이 생긴다는 거죠. 만약, 하나가 날개 있는 새가 되고 싶다고 생각해 보세요. 그러면 얼마나 괴로울까요? 인간에게는 본래 날개가 없는

합천 해인사에 보관되어 있는 팔만대장경이에요. 고려 말기에 우리나라에 침입한 몽고군을 부처님의 힘으로 물리쳐 달라는 뜻에서 만들었어요.

건데 자꾸 없는 날개만 생각하면, 지금 갖고 있는 다리가 얼마나 귀한 줄도 모르고 불평만 하게 될 거예요. 그러니 사는 게 고통일 수밖에요.

붓다는 그런 의미에서 인생을 '고통의 바다'라고 말하며, 고통의 바다에서 벗어나는 방법을 '팔정도'를 통해 알려 주셨어요. 팔정도(八正道)는 여덟 갈래의 바른 길이란 뜻으로, 그 내용은 다음과 같답니다.

1. **정견(正見)**: 부처님의 가르침을 옳게 보고 받아들이는 것을 뜻한다.
2. **정사(正思)**: 자기를 비우고, 남에게 자비를 베풀고, 살아 있는 모든 것들을 해치지 않는다고 생각하는 것이다.
3. **정언(正言)**: 거짓말이나 쓸데없는 말을 하지 않는 것, 특히 남을 이간질하는 말을 하지 않는 것이다.
4. **정업(正業)**: 살아 있는 것을 죽이거나 도둑질을 하지 않는 것이다.
5. **정명(正命)**: 남에게 해를 입히는 직업을 갖지 않는 것이다.
6. **정정진(正精進)**: 마음을 잘 다스리는 것이다.
7. **정념(正念)**: 마음의 움직임을 잘 살피는 것이다.
8. **정정(正定)**: 마음을 한 곳에 모으고 집중하는 것이다.

불교 경전에 나와 있는 이야기 한토막

붓다가 살던 곳에 일찍이 남편을 여의고 오직 아들 하나를 바라보며 살던 어머니가 있었어요. 그런데 아들이 갑자기 병이 들어 죽고 말자 어머니는 그 충격에 거리로 뛰쳐나와 아들을 살려 달라고 소리쳤어요. 붓다께도 달려가 제발 아들을 살려 달라고 애원했지요. 그때 붓다는 이렇게 말했어요. "마을에 내려가서 조상 때부터 죽은 사람이 한 사람도 없는 집에 가 겨자씨를 조금만 얻어 오너라." 어머니는 시키는 대로 여러 집을 돌며 "이 집에서 사람이 죽은 일이 없으면 겨자씨를 조금만 주세요."라며 애원했어요. 그러나 어머니는 결국 겨자씨를 하나도 얻어 올 수 없었어요. 조상 때부터 죽은 사람이 한 사람도 없는 집은 한 집도 없었으니까요. 결국 아들을 잃은 어머니는 '이 세상에 죽지 않는 사람은 하나도 없구나.' 하는 것을 깨닫고 슬픔에서 벗어나 출가해 훌륭한 비구니(여자 스님을 일컫는 말)가 되었다고 해요. 결국 붓다는 그녀에게 죽지 않기를 바라는 마음도 집착이고 욕심이란 것을 알려준 거지요. 하나도 이 이야기를 통해 할아버지의 죽음을 어떻게 받아들여야 하는지 배울 수 있을 거예요.

그렇군요. 이 세상에는 할아버지가 돌아가시지 않는 집은 하나도 없겠네요. 이제는 나도 돌아가신 할아버지 때문에 너무 슬퍼하지 않을래요. 부처님이 바라시는 것도 그런 거죠?

아줌마, 그런데 절에 다니시는 우리 할머니는 살아 있을 때 나쁜 짓을 많이 한 사람은 죽은 후에 불쌍한 동물로 다시 태어난다고 말씀하시는데 그게 정말이에요?

다섯 가지 약속을 잘 지켜야 하는 이유

불교 신자가 되면 지켜야 할 다섯 가지 약속이 있어요. 첫째 살아 있는 목숨을 해치지 않을 것, 둘째 도둑질을 하지 않을 것, 셋째 음란한 생활을 하지 않을 것, 넷째 거짓말을 하지 않을 것, 다섯째 술에 취하지 않을 것 등이지요. 불교에서는 사람이 죽은 뒤에 다시 태어난다는 '윤회'를 믿기 때문에 다섯 가지 약속을 지키는 것이 아주 중요해요.

윤회가 뭐냐고요? 쉽게 말하자면 사람이 죽으면 어떤 형태로든 다시 태어난다고 믿는 생각이에요. 살아 있을 때 나쁜 짓을 많이 한 사람은 다음 세상에서 동물로 태어나고, 어떤 사람은 다시 사람으로 태어난다고 믿는 거죠. 전 세상에서 어떻게 살았느냐에 따라 다시 태어났을 때 복을 받거나 벌을 받는다는 거지요. 뿌린 대로 거둔다는 속담이 생각나네요.

그래서 불교에서는 다음에 태어날 세상에서 복을 많이 받기 위해서라도 다섯 가지 약속을 잘 지키고 자비를 베풀어야 한다고 생각해요. 자비란 이웃을 사랑하고 남의 잘못을 용서하는 것, 살아 있는 생명을 보호하고 아끼는 것을 말해요. 한편, 부처님처럼 깨달음을 얻으면 다시 인간이나 동물로 태어날 필요도 없이 영원한 신의 세계로 갈 수 있는데, 이것을 가리켜 '해탈' 이라고 하죠. 그러니까 불교를 믿는 사람들이 가장 바라는 것은 해탈하는 것이라고 말할 수 있어요.

1600년 전에 우리나라에 들어온 불교

부처님이 예수님보다 먼저 태어났으니 불교의 역사는 그리스도교보다 더 오래되었어요. 특히 기원전 3세기 무렵 아쇼카 왕이 인도를 다스릴 때 불교가 가장 번성했지요. 아쇼카 왕은 원래 성격이 포악하여 전쟁 중에 사람을 많이 죽인 왕이었대요. 그런데 어느 날 전쟁터에서 피 흘리는 병사를 보고 갑자기 괴로운 마음이 들었는데, 이때 부처님의 가르침을 듣게 되어 독실한 불교 신자가 되었다고 해요.

불교 신자가 된 아쇼카 왕은 성지를 순례하며 불교 사원을 세우고 죄인을 용서하고, 생명을 해치는 사냥도 하지 못하게 했어요. 그리고 아들을 인도 남쪽의 섬인 스리랑카로 보내 불교를 전파하게 했지요. 이런 아쇼카 왕의 노력으로 불교는 여러 곳으로 전파되어 발전해 나갈 수 있었지요.

그 이후로도 부처님의 가르침은 남쪽으로는 동남아시아, 동쪽으로는 중국으로 전해졌지요. 불교의 발생지인 인도에서는 불교가 힌두교에 밀려 점점 쇠퇴한 반면에 동아시아에서는 불교가 활짝 꽃을 피우게 됐어요. 태국, 베트남, 미얀마

거의 모든 국민이 불교 신자인 미얀마에서는 5살 정도의 어린이들도 머리를 깎고 일정한 기간 동안 스님이 되는 경험을 한답니다.

대승불교와 소승불교

불교를 크게 둘로 나누면 소승불교와 대승불교로 나눌 수가 있어요. 한국, 일본, 중국 등 동북아시아 쪽의 불교를 대승불교(북방불교)라고 하고, 태국, 캄보디아, 미얀마 등 동남아시아 쪽의 불교를 소승불교(남방불교)라고 해요. 대승(大乘)은 큰 수레라는 뜻이고, 소승(小乘)은 작은 수레라는 뜻이에요. 대승불교는 중생(세상 사람들)을 구원하는데 큰 뜻을 두고, 소승불교는 자기 자신의 수도와 깨달음에 더 많은 비중을 두고 있어요.

우리나라 불교를 발전시킨 원효 스님

원효 스님에 대해 들어봤나요? 원효 스님이 살던 통일신라 시대에는 불교는 귀족들만 믿을 수 있는 콧대 높은 종교였어요. 백성들은 부처님의 가르침을 접할 기회조차 없었지요. 원효 스님은 부처님의 귀한 가르침을 모든 사람이 배울 수 없다는 것을 안타까워하셨어요. 그래서 누구나 쉽게 부처님의 가르침을 들을 수 있도록 길거리에서도 법문(부처님 말씀)을 전했어요. 또한 사람들의 주목을 끌고, 어려운 법문을 쉽게 전하기 위해 북도 치고 장구도 쳤지요. 원효 스님의 그런 노력 덕분에 불교는 통일신라 시대에 가장 화려하게 꽃피었어요.

같은 나라가 대표적인 불교국가이고 우리나라와 일본에도 불교 신자들이 참 많아요.

우리나라는 삼국시대 때 중국을 통해 불교가 전해졌어요. 〈삼국사기〉에 보면 고구려 소수림 왕 때인 372년에 중국에서 온 순도라는 스님이 불상과 경전을 갖고 왔다는 기록이 있어요. 2년 후인 374년엔 순도 스님이 이불란사를 짓고 아도 스님은 성문사를 세웠다고 해요. 그러니까 우리나라의 불교 역사는 벌써 1600년이 된 셈이죠. 특히 불교는 통일신라 시대와 고려 시대에 크게 발전했답니다.

불교가 남긴 찬란한 문화재

아시아 곳곳에는 찬란한 불교문화의 흔적들이 많이 남아 있어요. 우리나라 문화유산 가운데도 삼국시대와 고려시대에 만들어진 문화유산은 거의 다 불교와 관련이 있다고 할 수 있지요. 하나도 가 봤는지 모르겠지만 우리나라 최고의 문화유적지라 손꼽히는 경주만 해도 불교와 관련된 문화유산이 많이 남아 있지요.

불국사와 석굴암에 가 본 적이 있나요? 석굴암은 유네스코가 정한 세계문화유산에 들 만큼 훌륭한 문화재예요. 뿐만 아니라 합천 해인사에 있는 팔만대장경도 세계문화유산의 하나이지요. 역사책이자 재미있는 이야기책인 〈삼국유사〉는 또 어떤가요? 하나도 읽어 봤는지 모르겠는데 불교나 스님과 관련된 이야기가 많이 들어 있어요.

> 우리나라의 가장 큰 사찰(절) 셋을 소개할게요. 전남 순천에 있는 송광사는 승보사찰로 유명한데 훌륭한 스님이 많이 배출되어 '승보'라고 부르지요. 합천 해인사에는 팔만대장경이 있어서 법보사찰이에요. 부처님 말씀을 기록한 경전이 있어서 '법보'예요. 부처님의 사리가 모셔져 있는 양산의 통도사는 불보사찰이라고 해요. 부처님 신체의 일부가 있으니까 '불보'이지요. 사리가 뭐냐고요? 사리는 시체를 화장해 태우고 난 다음 나오는 건데 진주같이 반짝이는 알갱이예요. 통도사 대웅전에는 부처님 사리가 있어 불상을 따로 모시지 않고 있어요.

그러면 세계적인 불교유산으로는 어떤 게 있을까요? 캄보디아의 '앙코르와트'를 먼저 꼽지 않을 수가 없네요. 앙코르와트는 밀림 속에 있어서 사람들에게 그 존재가 알려져 있지 않았다가 1850년 우연히 그 일대 밀림에서 길을 잃고 헤매던 사람들에 의해 발견되어 세상에 알려지게 되었어요. 앙코르와트는 거대한 사원의 도시라고 할 수 있어요.

아줌마도 가 보았는데 크기가 이집트의 피라미드나 그리스 신전보다도 웅장해서 깜짝 놀랐어요. 건축하는 데 걸린 시간만도 300년이 넘는다고 하네요. 사원 곳곳에 있는 부처님 조각상들과 벽면의 조각들도 참 아름다워요. 앙코르와트는 '세계 8대 불가사의' 중 하나로 꼽힐 정도로 중요한 문화 유적이에요. 하나도 다음에 꼭 한 번 가 봐요.

동서의 길이가 1500미터, 남북으로는 1300미터인 앙코르와트 유적지는 예술성과 웅장함에 있어서 고대 그리스 신전과 로마의 콜로세움을 능가한다고 해요.

예불―부처님의 마음을 닮아가는 시간

하나도 할머니를 따라 절에 가본 적이 있다고 했죠? 그렇다면 예불을 드려본 적도 있겠네요. 성당에서 미사를 드리고, 교회에서 예배를 드리는 것과 마찬가지로 절에서는 부처님께 예불을 드려요.

예불은 보통 '삼귀의'로 시작해요. '거룩한 부처님께 귀의합니다. 거룩한 가르침에 귀의합니다. 거룩한 스님들께 귀의합니다.' 하고 말하지요. '귀의합니다'는 '따르겠습니다'라고 약속을 하는 거예요. 이때 스님은 목탁을 치고 염불을 해 주시지요. 또 큰 스님께서 부처님의 말씀인 법문을 들려주시기도 해요.

예불 때 스님이 손에 들고 '딱딱딱…' 하고 소리를 내는 악기가 목탁이에요. 목탁은 커다란 방울처럼 생겼는데 원래는 물고기 모양이었대요. 여기엔 재미난 전설이 있는데 한 번 들어 볼래요?

옛날에 스승의 말을 잘 안 듣는 스님이 있었대요. 이 스님이 어느 날 돌아가셨는데 다시 사람으로 태어나지도 못하고, 해탈을 하지도 못하고, 그만 물고기가 되고 말았어요. 그런데 이 물고기는 전생의 업(살아 있을 때 저지른 선과 악) 때문에 등에서 나무가 자라는 벌을 받고 말았지요. 그러니 얼마나 힘들었겠어요. 그러던 어

목탁

부처님을 모신 법당에서 신자들이 모여 예불을 드리는 모습이에요.

느 날 물고기는 한 스님이 배를 타고 바다를 건너는 것을 보게 되었어요. 그걸 보자마자 스님에게로 헤엄쳐 간 물고기는 스님께 자신의 소원을 빌었대요. 등에서 나무가 없어지길 바라는 소원이었죠. 물고기를 불쌍히 여긴 스님은 부처님께 물고기를 대신해서 기도를 올렸어요. 그러자 물고기 등에서 나무가 떨어져 나가게 됐어요. 스님은 그 나무를 가지고 물고기 모양의 목탁을 만들어서 사람들에게 보여 주었지요. 나쁜 짓을 하면 이렇게 물고기처럼 된다는 걸 보여 주고 싶었거든요.

옛날 중국에선 사람들을 모이게 하기 위해 목탁을 두드렸는데, 요즘엔 예불 시간에 많이 쓴답니다. 예불을 올릴 때는 어떤 절에서나 〈반야심경〉, 〈천수경〉을 큰 소리로 읽는데 이때 목탁으로 박자를 맞춰 주거든요. 이렇게 하면 박자에 맞춰 염불을 따라 하기도 쉽고 잡념을 없애 주어 머리가 맑아지는 기분을 느낄 수 있어요.

혹시 하나는 스님이 '관세음보살', '나무아미타불' 하고 말하는 염불 소리를 들어 봤나요. 원래는 부처와 보살의 공덕을 찬양하던 것인데요, 이 염불을 소리 내어 읊으면 마음이 차분히 가라앉고 정신 집중도 잘 된대요.

생명을 살리고 평화를 사랑해요

아줌마, 그런데요. 절에 계신 스님들은 고기나 생선을 드시지 않는다면서요. 우리 할머니도 고기는 잘 안 잡수세요. 불교에서는 왜 고기를 못 먹게 하는 거예요?

'내가 고기를 안 먹으면 사람들이 짐승이나 물고기를 한 마리라도 덜 죽이겠지.' 하는 생각으로 그렇게 하는 거예요. 불교에서는 살아 있는 모든 것을 해치지 않고 살리려는 이런 마음을 '자비'라고 해요. 절에서는 가끔 물고기를 돈 주고 사서 강물에 놓아주는 '방생'이라는 행사를 갖기도 해요. 이것도 '산 것을 놓아주고 죽게 된 것을 구제한다.'는 부처님의 생명존중의 가르침을 실천으로 옮기는 행사이지요.

얼마 전에 아줌마에게 있었던 일을 이야기 해 줄게요. 절에 가서 스님과 앉아서 이야기를 나누는데 방바닥에 바퀴벌레가 있는 거예요. 아줌마는 습관적으로 종이를 집어서 바퀴벌레를 눌

러 죽이려고 했어요. 바퀴벌레는 지저분하잖아요. 그런데 문득 '살아 있는 것을 죽이지 말라.'는 불교의 계율이 생각나서 앞에 계신 스님을 처다봤지요. 그랬더니 스님께서는 "죽이지 말고 종이에 싸서 창 밖으로 버리세요." 하시더라고요. 그 다음부터는 모기 한 마리를 죽일 때도 망설이게 돼요. 그리고 생선회를 먹는 것도 왠지 꺼림칙하고 미안하더라고요.

불교에서는 이처럼 생명을 참 귀하게 생각해요. 그래서 불교 역사를 살펴보면 전쟁과 관련된 일이 거의 없어요. 벌레도 안 죽이는데 사람을 어떻게 죽이겠어요. 불교는 세상에 사는 모든 생명을 자기 몸처럼 여기라고 가르치니까요. 그런 마음을 가리켜 자비심이라고 해요. 자비심은 예수님이 강조하는 사랑과 같은 의

미이지요.

참, 하나는 '달라이 라마'라는 이름을 들어본 적이 있나요? 달라이 라마는 세계적으로 유명한 티벳 스님이세요. 티벳 사람들이 절대적으로 믿고 따르는 분인데 '살아 있는 부처'라고 부르기도 해요. 티벳은 인도와 중국 사이에 있는 나라였는데 1948년 중국 사람들이 침입해서 중국에 합쳐버렸어요. 나라를 잃은 티벳인들은 인도 북쪽에 임시 정부를 만들어 언젠가는 티벳이 독립국가가 되길 바라고 있지요. 그런데도 지도자인 달라이 라마는 중국 사람들을 미워하지 말라고 가르치고 있어요. 불교의 자비로운 마음을 가지고 평화적으로 독립을 이루려고 노력할 뿐이에요. 그래서 달라이 라마는 티벳 사람들뿐 아니라 평화를 사랑하는 모든 사람들로부터 존경을 받고 있지요.

평화를 사랑하는 불교의 아름다운 정신은 서양 사람들에게도 큰 영향을 끼치게 됐어요. 그리스도교의 나라 유럽과 미국에서도 불교를 믿는 사람

티벳 사람들이 '살아 있는 부처'로 모시는 달라이 라마는 노벨평화상을 받기도 했어요.

들이 점차 많아지고 있거든요. 생명을 사랑하고, 깊은 깨달음을 얻으려는 불교의 정신이 서양인에게도 감동을 주고 있는 것이지요. 많은 서양인들이 불교에서 깨달음을 얻기 위해 불교의 본고장인 아시아 여러 나라로 모여들고 있기도 해요.

우리나라에도 파란 눈의 외국인 스님이 180명이나 있어요. 그중에서 현각 스님은 미국 최고 명문 학교인 하바드 대학을 나온 분이죠. 그런 분이 왜 우리나라에 와서 스님이 된 걸까요? 현각 스님 말로는 자신은 전생에 한국과 인연이 있거나 한국 사람이었음이 틀림없을 거라고 해요. 미국에 있을 때 말뜻도 모르면서 애국가를 들었는데, 갑자기 눈물이 펑펑 쏟아지더라는 거예요. 현각 스님은 지금 화계사라는 절에서 깨달음을 얻기 위해 열심히 수도를 하고 계세요. 또한 현각 스님과 친형제처럼 지내던 무량 스님이란 분은 미국에 돌아가 사막 한가운데에 절을 짓고 있기도 해요.

벌레를 보면 아빠나 오빠한테 잡아달라고 부탁을 했는데 이제는 그러지 말아야겠어요. 벌레도 소중한 생명이니까요. 벌레를 사랑하는 마음도 자비이겠죠? 그렇지만 아줌마처럼 바퀴벌레를 종이에 담아 바깥에 내놓는 일은 아무래도 자신이 없어요.

● 따르고 싶은 아름다운 사람 법정 스님

법정 스님은 불교 신자가 아닌 사람들도 존경하는 분입니다. 지금은 강원도 산골에 살고 계신데, 산속으로 들어가시기 전에는 많은 책을 쓰면서 사회 활동도 활발하게 하셨어요. 그 가운데 하나가 '맑고 향기롭게'라는 모임을 만드신 일이에요. '맑고 향기롭게'는 자신의 마음과 세상을 맑고 향기롭게 가꾸자는 뜻을 가진 사람들의 모임입니다. 이 모임 회원들은 주말마다 모여 함께 부처님의 말씀을 생각하고, 어려운 이웃을 위한 봉사 활동도 활발하게 하고 있어요. 그곳에서 법정 스님이 꼭 지키자고 가르쳐 주신 말씀이 있는데 뭔지 살펴볼까요?

- 욕심을 줄이고 만족하며 삽시다.
- 화내지 말고 웃으며 삽시다.
- 나 혼자만 생각 말고 더불어 삽시다.

어느 해 여름에 법정 스님이 오랜만에 산골에서 나와 서울 길상사에서 법문을 하시는 날이었죠. 그날 스님이 들려주신 말씀도 기억에 남네요. "이 세상에서 가장 위대한 종교는 불교도, 그리스도교도 아닌 바로 '친절'이라는 종교입니다." 그러면서 "내 말은 이만 마치고 남은 이야기는 지금 눈부시게 피어나고 있는 나무한테 듣기 바랍니다."라는 말로 끝맺으셨죠. 스님이 손가락으로 가리키는 곳을 보니 거기엔 정말 나무에 꽃이 환하게 피어나고 있었어요.

다섯 번째 이야기

당신에게 평화가 깃들기를

— 이슬람교 이야기

자신의 곁에 배고픈 이웃이 있을 때
배부르게 먹는 자는 알라를 믿는 자가 아니다.
—꾸란(이슬람교 경전)

아줌마, 내가 이슬람 나라에서 온 얄리 아저씨 이야기 한 적 있죠? 나는 처음에 그 아저씨가 무서웠어요. 아저씨랑 친해지고 싶다가도 갑자기 그 아저씨가 나를 해치면 어쩌나하고 무서울 때가 있었어요. 이슬람교를 믿는 나라에서 전쟁이 일어나고 사람을 끔찍하게 죽이는 일들이 있었잖아요? 그런데 한참 지내다 보니 그 아저씨는 착한 사람이란 걸 알게 됐어요. 나한테도 무척 잘해주거든요.

우리는 이슬람교에 대해 많이 오해하고 있어요. 많은 사람들이 '이슬람' 하면 전쟁이나 테러를 떠올리죠? 그렇지만 이슬람(Islam)은 아랍어로 '평화와 복종'이라는 의미예요. 알라의 뜻에 복종하여 마음의 평화를 얻는다는 뜻이지요. 그래서 이슬람교를 믿는 사람들은 알라의 뜻에 따라 평화롭게 살기를 원해요. 일부 이슬람 신자들이 정치적인 목적으로 끔찍한 일을 일으키고 있긴 하지만, 그걸 가지고 이슬람 나라 사람들 모두를 나쁜 일과 관계가 있는 사람으로 오해하는 것은 아주 잘못된 일이죠.

또, 흔히 이슬람교가 사우디아라비아나 이라크 같은 중동 지방의 종교라고만 알고 있지만 그것은 옛날 이야기이고 지금은 전 세계로 퍼져 나가고 있어요. 이슬람을 믿는 사람을 무슬림이라고 하는데 우리나라 사람으로 무슬림이 된 숫자는 기독교와 비교하면 그리 많지는 않지만 그래도 3만 명이나 된답니다.

옛날 역사를 살펴보면 이슬람교가 세계를 호령했던 시대도 있었어요. 지금도 중동 지역과 북아프리카, 파키스탄 그리고 동남아시아에 걸쳐 이슬람을 국교로 하는 나라가 58개나 있어요. 그러니 이슬람교에 대해서도 가장 기본적인 것은 알아둘 필요가 있겠죠?

이슬람교의 창시자 무함마드 이야기

이슬람교는 알라를 믿어요. 알라는 이름만 다를 뿐 따지고 보면 그리스도교의 하나님, 유대교의 야훼와 같은 신이에요. 그 이유는 나중에 이야기할게요.

이슬람교에서는 알라가 완전한 창조주이자 유일한 최고신이에요. 불교를 부처가, 그리스도교를 예수가 일으킨 것처럼, 알라 신의 뜻을 받들어 이슬람교를 크게 일으킨 사람은 무함마드*입니다. 무함마드란 이름 속에는 '찬양 받는 자' 또는 '그 분께 알라의 평화'란 뜻이 깃들어 있답니다.

무함마드는 서기 570년에 중동 지방의 사우디아라비아에 있는 메카에서 태어났어요. 일찍이 부모를 여의고 삼촌의 손에서

---

* 과거에 우리나라에서는 무함마드를 영어 표현을 따라 '마호메트'라고 부르기도 했는데 무슬림들처럼 무함마드라고 부르는 게 더 정확합니다.

자랐지요. 그러다가 스물다섯 살에 하디자라는 여인을 만나 결혼하고 상인으로 평범하게 살았어요. 그런데 마흔 살이 되던 해인 610년, 동굴에서 기도를 하고 있다가 대천사 가브리엘을 만났어요. 가브리엘은 무함마드에게 알라께서 하신 말씀들을 전해 주었지요. 그 뒤로 무함마드는 23년 동안 천사에게 전해 들은 알라의 말씀을 다른 사람들에게 전하기 시작했어요.

맨 먼저 무함마드의 부인이 그의 말을 받아들여 최초의 무슬림이 되었지요. 그것을 시작으로 친척들과 이웃들까지 그를 따르게 되었어요. 그러나 당시 아라비아 반도에 사는 부족들은 알라 말고도 제각기 숭배하는 신이 있었기 때문에 알라만이 유일한 신이라고 하는 무함마드의 말을 믿을 수 없었어요. 그들은 무함마드를 조롱하고, 괴롭히고, 심지어 죽이려고까지 했지요. 무함마드의 말을 받아들여 이슬람교로 종교를 바꾼 이들도 있긴 했지만 그 힘은 약했어요.

할 수 없이 무함마드는 사람들 눈을 피해 숨어 살다가 622년에 고향 메카를 떠나 메디나라는 곳에 가게 돼요.(이 해를 이슬람의 원년으로 삼아 이슬람 달력은 622년에서부터 시작한답니다.) 그곳에 정착하여 처음으로 알라께 예배를 드리는 장소인 마스지드(이슬람교의 사원)를 지을 수가 있었어요. 마스지드를 중심으로 이슬람교도 빠르게 전파되기 시작했죠. 무슬림들은 메디나에서 공동체를 이루고 살다가 세력이 커지자 다시 고향으로 돌아가려고 했어요. 그리하여 630년, 전쟁에서 승리하여 메카를 정복하고 무함마드는 메카를 다스리는 사람이 되었지요.

그는 이슬람교의 모든 계율을 정하고 신자들이 반드시 지켜야 할 다섯 가지 의무를 부여했는데 그 의무는 다섯 개의 기둥이라는 의미로 '오주(五柱)'라고도 불러요.

이렇게 아라비아 반도에서 시작된 이슬람교는 이라크와 이란, 시리아, 팔레스타인 등

무함마드가 처음 신의 계시를 받을 때 하늘에 초승달과 별이 떠 있었다고 해요. 그래서 이슬람교를 상징하는 깃발에는 초승달과 별이 그려져 있는 게 많아요.

중동 지방 전체에 퍼져 나가게 되었답니다. 무함마드는 632년에 예순세 살의 나이로 세상을 떠났는데 그 뒤부터는 '움마'라는 공동체를 중심으로 이슬람교의 세력이 커져 나갔어요.

무함마드는 신이 아니고 신의 말씀을 전한 예언자예요. 예수처럼 기적을 일으키지도 않았어요. 그래도 무슬림들은 신의 사자인 무함마드를 알라 다음으로 중요하게 생각합니다. 무함마드의 고향인 메카는 모든 무슬림들이 가보길 원하는 성지가 되었어요. 그리고 이슬람교에는 무함마드의 생애와 관련해 여러 가지 기념일이 있어요.(이슬람력을 기준으로 하기 때문에 지금 우리가 쓰는 서양 달력의 날짜와는 다릅니다.)

- 헤지라(1월 1일) : 무함마드가 메카에서 메디나로 떠난 날.
- 마우릿 알나비(3월 15일~17일) : 무함마드의 출생(570년)을 알라에게 감사하는 날.
- 이드 울마밧(7월 27일) : 무함마드가 선지자로서 첫 사명을 시작한 날. 이 날은 특별 기도를 하고 꾸란을 읽는다.

꾸란—알라의 말씀이 모두 이 안에!

이슬람의 경전을 '꾸란'*이라고 해요. 23년 동안 알라가 천사를 통해 무함마드에게 전해 준 말씀을 모아 책으로 기록한 것이

---

* '무함마드'를 '마호메트'라고 부른 것처럼 이것도 과거엔 '코란'이라고 했지만 무슬림들의 원래 발음대로 꾸란이라고 하는 게 좋아요.

바로 꾸란이에요. 꾸란 역시 다른 종교의 경전과 마찬가지로 무함마드 자신이 직접 만들지는 않았어요. 무함마드가 죽고 나서 20년 뒤에 신자들이 그에게 전해 들은 말을 모아서 만든 것이 꾸란입니다.

그러면 꾸란에는 어떤 내용이 담겨 있는 것일까요? 이 한 권에는 참으로 많은 내용이 있어요. 천지 창조와 인간의 창조, 그 후에 신이 인간에게 내린 명령과 그것을 따르는 법, 그리고 예언자, 천사, 천국과 지옥, 최후의 심판 등에 대한 내용이 모두 들어 있죠. 뿐만 아니라 기도하는 법, 사회를 조직하는 법, 법률을 적용하는 법 등 인생의 모든 면에 대한 가르침도 들어 있어요. 꾸란은 전체가 114장으로 이루어져 있으며 모든 장은 제1장 개경장으로 시작해요. 개경장은 그리스도교의 주기도문과 비슷한 것으로 꾸란을 인용할 때 말머리나 글의 시작 부분에 반드시 들어가는데 한번 들어 보세요.

무슬림 소년이 열심히 꾸란을 읽고 있는 모습이에요.

자비로우시고 자애로운 알라의 이름으로

온 우주의 주님이신 알라께 찬미를 드리나이다.

그 분은 자애로우시고 자비로우시며

심판의 날을 주관하시는도다.

우리는 당신만을 경배하며 당신에게만 구원을 비오니

저희들을 올바른 길로 인도하여 주시옵소서.

그 길은 당신께서 축복을 내린 길이며

노여움을 받은 자나 방황하는 자들이 걷지 않는

가장 올바른 길이옵니다.

늘 이런 고백과 함께 꾸란을 읽게 되지요. 이슬람교를 믿는 집에서는 태어나서 처음 듣는 소리와 죽을 때 마지막으로 듣는 소리가 꾸란 읽는 소리라고 해요. 또 초등학교 때부터 글을 깨치자마자 꾸란을 읽는 수업을 한다고 해요. 이 정도면 이슬람교를 믿

는 사람들에게 꾸란이 얼마나 중요한 것인지 알 수 있겠지요?

무슬림들은 꾸란을 외워서 입으로 읊는 연습을 많이 하는데, 600쪽이나 되는 꾸란을 모두 외워 암송하는 사람을 하피즈라고 해요. 하피즈는 무슬림들 사이에서 무척 존경을 받게 되는데, 신앙심이 깊은 이슬람 사회에는 하피즈가 꽤 많다고 하네요. 1998년엔 여섯 살 된 무슬림 소녀가 역사상 가장 어린 나이에 하피즈가 되었어요.

아줌마도 이슬람교를 공부하면서 한글로 된 꾸란을 읽고 있는데 그리스도교의 구약 성경과 그 내용이 비슷해서 놀랐어요. 구약 성경에 나온 인물들이 꾸란에도 많이 등장하거든요. 그걸 통해 그리스도교 신자와 이슬람교 신자의 조상은 같다는 것을 알 수 있었지요. 또한 이슬람교에서는 그리스도교의 구약 성경을 예언집이라고 생각하여 모두 믿고 있어요. 그래서 똑같이 중동 지역에서 태어난 세 종교-유대교와 그리스도교와 이슬람교의 신

당신에게 평화가 깃들기를

은 같은 신이라고 하는 거예요. 단지 이슬람교와 유대교는 예수가 하나님의 아들이란 걸 인정하지 않기 때문에 그리스도교 신자들이 받드는 신약성서는 거들떠보지도 않지요.

> 성경이 전 세계 여러 나라 말로 번역되어 누구나 읽기 쉽게 되어 있는 것과는 달리 꾸란은 최초로 씌여진 언어인 아랍어로 기록된 것만을 진정한 꾸란으로 인정하고 있어요. 왜 이런 원칙을 세웠는가 하면 꾸란을 번역하는 과정에서 내용이 조금씩 바뀌는 것을 막기 위해서라고 해요. 그래서 꾸란을 제대로 읽으려면 중동 지방의 언어인 아랍어를 배워야만 하지요. 그럼 영영 꾸란을 읽을 수 없겠다고요? 다행히 영어, 중국어, 한국어 등 다른 언어로 번역된 꾸란도 있답니다. 단지 이런 번역본은 꾸란으로 인정받지는 못하지만 꾸란 말씀의 이해를 돕는다는 뜻에서 '주해서(타프시르)'라고 부르고 있어요.

무슬림이 지켜야 할 '다섯 가지 기둥'

꾸란에는 무슬림이라면 반드시 알라에게 복종해야 한다고 씌여 있습니다. 그리고 복종하기 위해 지켜야 할 다섯 가지 계율을 설명하고 있어요. 그것을 이슬람의 '다섯 기둥(오주)'이라고 부르는데 무슬림에게는 이 다섯 기둥이 굉장히 중요하고 목숨 바쳐 지켜야 할 계율이지요. 다섯 기둥의 내용은 어떤 것인지 알아볼까요?

첫째, '알라 이외에는 신이 없고 무함마드는 알라의 마지막 예언자다.'라는 신앙 고백을 아랍어로 해야 해요. 이렇게 고백하기만 하면 특별한 절차 없이 곧바로 무슬림이 될 수 있다고 하네요. 또한 이런 식으로 무슬림이 되면 불교의 법명, 천주교의 영세명과 같은 교명을 받아요.

둘째, 의무적으로 하루 다섯 번씩 이슬람교 성지인 메카를 향해 예배를 올려야 해요. 다섯 번씩이나 사원에 모여야 하는 것은 아니고 각자 있는 장소에서 엎드려 절하며 알라를 생각하는 거지요. 이슬람 나라에 가면 모든 방의 천장에 메카가 있는 방향을 가리키는 화살표가 표시되어 있답니다. 그 방향을 향해 절하라는 것이지요. 이때, 예배 시간은 해의 길이에 따라 매일 달라지며 새벽, 정오, 오후, 저녁, 밤에 각각 한 번씩 예배 의식을 치른답니다. 그렇게 하는 것은 생활 속에서 매 순간마다 알라를 만나라는 의미입니다.

무슬림은 산길을 걷다가도 기도 시간이 되면 메카를 향해 절을 합니다.

　아줌마도 시간을 맞춰 놓고 다섯 번의 예배를 드린 적이 있는데 생각보다 많이 힘들었어요. 예배 시간은 5분 정도에 불과하지만 바쁘게 살다 보면 깜박하고 시간을 놓치기 쉽거든요. 그런데 놀랍게도 아줌마의 무슬림 친구들은 예배 시간을 아주 잘 지켜요. 알라를 생각하는 습관이 몸에 배어 있기 때문이지요.

　언젠가는 비행기 안에서도 작은 카펫을 깔고 메카를 향해 예배하는 사람을 본 적이 있어요. 비행기를 타고 있는 동안에도 카펫만 깔면 그곳이 바로 알라를 만나는 자리가 되는 거죠.(무슬림은 집 안에서나 여행을 할 때나 항상 기도용 깔개인 사쟈다를 가지고 다닙니다. 사쟈다만 있으면 언제 어디서라도 예배를 드릴 수 있으니까요.)

　셋째, 무슬림이 지켜야 할 규율은 1년 동안 번 돈의 2.5%를 가난한 사람을 위해 기부해야 해요. 1년 동안 1천만 원을 벌었다면 그 중에서 25만 원을 기부하는 겁니다. 그리스도교의 '헌금' 이나 불교의 '보시'와 같은 거라고 할 수 있어요. 자신의 재산을 가난한 이들과 나누라는 거예요. 이렇게 이슬람교에서는 자선을 베푸는 것을 중요하게 생각하는데, 나쁜 짓을 하지 않는 것도 자선의 하나라고 생각하고 있습니다.

넷째, 일생에 적어도 한번은 이슬람력으로 12월에 메카의 성지를 순례해야 해요. 이걸 '하지'라고 하는데, 여행을 할 만큼 건강하고 돈이 있는 무슬림이라면 꼭 지켜야 할 의무입니다. 하지 때가 되면 2백만 명이 넘는 순례자들이 비행기로, 자동차로, 또는 걸어서 메카로 모여든답니다.

순례 의식은 우선 최고 성지인 메카의 대사원에 모여 검은 육면체로 만들어진 카바 신전 주위를 일곱 바퀴 도는 것으로 시작해요.

순례자들이 카바 신전 주위를 돌고 있어요. 신자들은 이 신전이 세상에서 가장 신성한 장소라고 생각합니다.

그리고 메카 근처의 미나 평원에서 밤을 지샌 다음에 1,400년 전 무함마드가 마지막 설교를 한 아라파트산으로 이동해 기도를 하죠. 최후의 심판 날을 맞아 신 앞에 서는 것을 상징하는 행사라고 해요.

사흘째엔 양과 같은 가축을 제물로 바치는 '이드 알 아드하(희생제)'를 하고 나흘째엔 미나 평원으로 돌아와 악마를 상징하는 3개의 돌기둥에 돌을 던져 악마를 내쫓는 의식을 치뤄요. 마지막으로 메카에 돌아와 카바 신전을 다시 일곱 바퀴 돌며 기도하는 것으로 순례 행사를 마치게 되요. 이슬람 신자들은 '하지'를 엄청나게 중요한 일로 생각하기 때문에 가난한 신자들은 성지 순례 하는 것을 인생의 목표로 삼기도 해요.

그리고 마지막으로 일 년에 한 번씩, 한 달 동안 금식을 하는 라마단을 지켜야 합니다. 이슬람력으로 매년 9월 라마단 기간에는 해가 떠 있는 동안에 음식을 먹을 수 없고 오락을 해서도 안 돼요. 라마단을 통해 무슬림은 절제와 금욕을 배우고, 배고픈 사람의 고통을 이해하게 되요. 아줌마는 아무리 맛있는 음식 앞에

서도 꿋꿋하게 금식을 지키는 무슬림 친구들을 보면서 정말 존경스럽다는 생각을 했어요.

라마단이 끝난 다음 날 무슬림들은 기쁨의 축제를 엽니다. 하루 종일 마음껏 먹고 마시며 놀지요. 부유한 사람들이 가난한 사람들에게 음식을 나누어 주기도 하고, 기쁨을 나누는 뜻으로 서로 선물과 카드를 주고받기도 해요. 라마단이 고행과 인내의 기간인 것은 사실이나, 오히려 대부분의 무슬림들은 이 달이 오기를 기다립니다. 신의 은총이 온 세상을 덮고, 사악한 기운은 사라진다고 믿기 때문이에요.

당신에게 평화가 깃들기를

과학의 발전을 이끌어 준 이슬람 문명

무함마드가 죽은 뒤 이슬람교가 더 크게 퍼져갔다고 얘기했었죠? 전쟁을 치르지 않고 천천히 아시아 곳곳으로 퍼져나간 불교와 달리 이슬람교는 막강한 군대의 힘을 바탕으로 짧은 시간 안에 세력을 뻗어 나갔어요. 첫 이슬람 왕조인 우마이야 왕조 시대 (661~750) 때 벌써 터어키, 북인도, 북아프리카, 스페인까지 정복했지요. 그 후 십자군 전쟁으로 주춤했다가 14세기에 다시 이슬람교 나라인 오스만 투르크 제국이 크게 일어나 중동 지방은 물론이고 유럽과 아프리카 일부까지 영토로 삼았어요. 그래서 지금도 유럽 문화 속에는 이슬람교의 흔적이 많이 남아 있습니다.

당시 이슬람 나라에는 천문, 지리, 수학, 연금술(금속 가공 기술) 등의 자연과학이 발달 했어요. 반면 유럽은 중세의 암흑시대에 있었고요. 이슬람 나라에서는 모든 지식과 창조의 근원은 알라라고 하여 학문 연구를 장려한데 반해, 유럽에서는 그리스도교의 가르침을 연구하는 신학 이외의 다른 학문은 신을 모독하는 것이라고 생각하여 게을리 하고 있었거든요. 그래서 스페인 같은 나라가 이슬람 제국의 지배를 받게 되자 이슬람 문명이 유럽 대륙으로 흘러들어가게 됩니다.

이슬람 문명 중에서 대표적인 것이 우리도 잘 아는 아라비아 숫자예요. 수학 공부할 때 쓰는 1, 2, 3……을 아라비아 숫자라고 부르는 거 알고 있죠? 아라비아 사람들이 다른 나라를 정복하고 나라가 커지니까 숫자를 셀 일이 많아졌어요. 그래서 수학이 발달하게 된 것입니다. 천문학, 지리학, 연금술까지 이때 모두 유럽으로 전해졌답니다. 자연과학 하면 유럽에서 시작되고 발전한 것으로 생각하기 쉽지만 그 씨앗은 이슬람 나라에서 나왔다는 것을 알아야 해요.

십자군 전쟁

이슬람 세력이 유럽의 스페인까지 점령하자 위기감을 느낀 유럽의 여러 왕들과 교황은 '하나님의 군대'를 일으켜 이슬람 정벌에 나섭니다. 1096년 '십자군 전쟁'을 처음 일으킨 후 1365년까지 여덟 차례에 걸쳐 이슬람을 공격합니다. 이 십자군 전쟁으로 그리스도교 신자들도 많이 죽었지만 이슬람교도 큰 타격을 입게 되지요. 오늘날까지 이슬람 나라들과 그리스도교 나라들이 사이가 안 좋은 것은 이 전쟁의 영향이 큽니다.

십자군 전쟁을 그린 동판화입니다. 그리스도교 병사들 가슴에 십자가 표시를 했기 때문에 '십자군'이라고 불렀습니다.

눈만 살짝 보이는 이슬람 여자들

아, 그렇구나. 나는 아라비아 숫자가 영국이나 프랑스 같은 유럽 나라에서 시작된 줄 알았어요. 그런데요, 이슬람 여자들은 왜 몸과 얼굴을 천으로 가리고 다니나

요? 무더운 여름에는 너무 불편할 것 같아요. 편한대로 하고 다니는 남자들에 비해 너무 불공평한 거 아니에요?

    길거리나 텔레비전에서 천주교 수녀처럼 긴 머릿수건을 하고 다니는 무슬림 여자들을 본 적이 있지요? 그 머릿수건을 '히잡'이라고 하는데, 이슬람 여자들은 아무리 더울 때도 반드시 히잡을 써야 해요. 그 때문에 문제가 생기기도 하는데 프랑스에서는 얼마 전에 이런 일도 있었어요. 프랑스 정부는 무슬림 여학생이 히잡을 쓰고 학교에 나오지 못하도록 법으로 금지했어요. 그런데도 이를 어긴 여학생들이 퇴학을 당하자 그 사건은 전 유럽으로 퍼져 사회 문제가 되었습니다. 무슬림 남성은 물론이고 대부분의 무슬림 여성들도 '히잡을 절대로 벗을 수 없다. 종교의 자유를 침해하지 말라.'고 목소리를 높여 말했죠.

어떤 사람들은 여자에게만 히잡을 쓰게 하는 것은 이슬람교가 여성을 차별하기 때문이라고 말하기도 해요. 그러나 여자들이 히잡을 쓰는 것은 이슬람교가 생기기 전부터 중동 지방에 내려온 관습이래요. 여자들이 자신의 정숙함을 표시하는 상징으로 썼다고 해요.

그리고 이슬람교의 가르침을 살펴보면 여성을 존중하는 부분도 있다는 사실을 알 수 있어요. 꾸란에 이런 이야기가 있어요. 한 남자가 이슬람 선지자(신의 뜻을 예언하는 사람)께 묻기를 "내가 누구에게 가장 공손히 대해야 합니까?"라고 하자 선지자가 대답하기를, "너의 어머니이시다."라고 했어요. 그 다음은 누구냐는 질문에도 선지자는 "너의 어머니이시다."라고 말했지요. 마지막으로 그 다음은 누구냐는 질문을 했을 때 비로소 "너의 아버지이시다."라고 대답했어요.

또, 한 남자가 선지자에게 찾아와 전쟁에 나가고 싶다고 말하자, 선지자가 그에게 어머니가 계시는지 물어보았어요. 그가 어머니가 계시다고 대답하자 선지자가 말하기를, "어머니와 함께 지내거라. 천국은 어머니의 발에 놓여 있기 때문이다."라고 했어요.

이처럼 이슬람 사회에서는 어머니를 가장 높이 여기고 있고,

여성의 사회적 지위도 차츰 높아져서 최근 이란에서는 최초로 여성 장관이 나오기도 했답니다.

음악도 상징물도 없는 이슬람교의 예배

아줌마는 지난 일 년 간 매주 금요일마다 서울에 있는 마스지드에 다녔어요. 금요일 오후에 있는 공동 예배에 참석하려고요. 공동 예배가 뭐냐고요? 무슬림들이 함께 모여 예배를 드리는 것을 말해요. 무슬림들은 혼자하는 예배보다 함께 모여 드리는 예배를 알라가 더 기쁘게 생각한다고 믿기 때문에 공동 예배에 참석하는 것을 굉장히 중요하게 생각한답니다.

예배 전에는 몸을 깨끗하게 한 뒤 알라를 만나야 하기 때문에 반드시 손발을 깨끗이 씻어요. 이것을 '우두'라고 하는데 성원에 가면 우두실에서 얼굴과 손발을 씻는 모습을 볼 수 있어요.

예배 시간에는 이맘이 아랍어로 꾸란을 읽으며 알라의 말씀을 전합니다. 이맘은 예배를 이끄는 사람을 말하는데 보통 무리 중에서 나이가 많거나 학식이 뛰어난 사람이 맡게 돼요. 하지만 단순히 예배를 인도하는 일이므로 목사나 스님 같은 역할은 아니에요.

이맘의 설교가 끝나고 나면 이맘을 따라 함께 무릎을 꿇었다가 다시 이마를 땅에 대고 절을 해요. 이런 예배 의식이 진행되는 동안 예배당의 분위기는 무척 경건하답니다. 예배는 알라의 말씀을 듣는 것이 가장 큰 목적이라 생각하기 때문에 어떤 종류의 노래나 음악도 허락되지 않아요.

그뿐 아니라 이슬람에서는 신을 어떤 상징이나 형상으로 만들지 않기 때문에 조각이나 그림 등으로 신의 형상물을 만드는 것을 엄격하게 금지하고 있어요. 그래서 이슬람교 사원에는 그리스도교의 십자가나 불교의 불상과 같은 종교의 상징물을 볼 수 없습니다.

이슬람교의 오늘 — 평화를 바라는 마음

이슬람교를 믿는 사람들이 미국의 무역센터 빌딩을 공격한 9.11 테러와 그 후 벌어진 미국과 이라크의 전쟁으로 미국과 이슬람교 나라들 사이의 갈등이 더욱 심해졌어요. 특히 이슬람교에 대해 잘 알지 못하고 있는 우리들은 무슬림하면 폭력을 일삼는 테러리스트를 연상하는 경우도 있어요. 그러나 이슬람교 신자 가운데 그런 사람들은 극히 일부일 뿐이에요. 테러리스트들은 살인을 가장 무서운 죄로 여겼던 알라의 뜻을 어기고 있는 거예요. 대부분의 무슬림은 평화를 사랑합니다.

'한 손에 칼, 한 손에는 꾸란'이란 말 때문에 이슬람 사람들을 자기네 종교를 퍼뜨리기 위해 전쟁을 일삼는 사나운 사람들이라고 말하는 사람들도 있지요. 이슬람을 오해하기 쉬운 이 말은 이슬람 문명에 열등감을 가지고 있던 중세 시대 유럽 사람들에 의해서 만들어진 것입니다. 이슬람은 자기 종교를 남에게 강요하지 말 것을 꾸란에 이렇게 언급하고 있습니다.

"종교에는 강요가 없나니 진리는 암흑 속에서부터 구별되니라"(꾸란 2:256)

진정한 무슬림은 자신들의 신앙이 위협을 받을 때에만 자기를 지키기 위해서 전쟁을 벌여요. 이때의 전쟁을 '지하드'라고 하는데, 알라의 적에 대항하여 자신의 모든 것을 바치는 성스러운 전쟁이에요.

실제로 아줌마가 지난 일 년 동안 서울의 이슬람 성원을 다니면서 여러 무슬림 친구들을 만나 보니 그들은 하나 같이 착하고 마음이 따뜻했어요. 대부분은 외국인 노동자로 우리나라에 와서 힘든 일을 하는 사람들이었는데, 모두가 한국이란 나라를 좋아했고 하루 빨리 중동 지역에 평화가 오기를 바라고 있었어요. 알라가 바라는 것이 평화라면서요.

아줌마의 친구 중에는 한국인 무슬림도 있어요. 그 친구는 건설회사에서 일했는데 1970년대에 이라크로 일하러 나갔다가 무슬림이 되었지요. 그는 무슬림이 되면서 술과 담배를 끊고, 도박

같은 것도 하지 않는 새 사람이 되었어요. 그 친구는 우리나라 사람들이 이슬람교에 대해 오해하고 있는 부분이 많아 마음이 아프대요. 게다가 자기가 무슬림이라고 밝힐 때마다 사람들이 이상하게 쳐다보는 것을 느낀다면서, 어느 종교든 잘 이해해 주는 사회가 되었으면 좋겠다고 말하기도 했답니다.

이슬람교에 대해서는 솔직히 모르는 게 너무 많았어요. 그래서 얄리 아저씨에 대해서도 잘못 생각하고 있었어요. 이젠 이슬람교를 믿는다고 해서 괜히 겁내거나 무서워하지 않을 거예요. 아줌마랑 얄리 아저씨랑 함께 서울 이태원동에 있다는 마스지드에도 꼭 가보고 싶어요.

● 따르고 싶은 아름다운 사람 우마르

우마르는 이슬람교 역사상 가장 위대한 사람으로 손꼽히는 인물이에요. 예언자 무함마드가 죽고 나서 그의 대를 잇는 4명의 후계자(칼리프)가 있었는데 우마르는 그 중 두 번째 사람이지요. 우마르가 살던 때에는 이슬람 제국의 전성시대라서 영토도 넓고 힘도 강했는데, 우마르는 정치도 아주 잘 해서 그 넓은 영토를 모두 잘 다스렸어요.

가끔 우마르는 자신의 신분을 숨기고 변장을 한 채로 밤에 여러 곳을 돌아다녔어요. 사람들이 어떻게 사는지, 또 어떤 불편함이 있는지 알아보려는 목적이었지요. 우마르가 어느 날 시내를 돌아다니다가 한 할머니와 그녀의 손자들이 굶주리고 있는 것을 보았어요. 아이들이 울어 대자 할머니는 돌 위에 올린 냄비를 가리키며 곧 음식이 끓을 거라고 둘러대고 있었어요. 그런데 할머니는 우마르가 지켜보고 있는지도 모르고 "우마르가 우리 같은 사람의 형편도 모르면서 어떻게 칼리프가 되었지?"라고 흉을 보았대요.

이 말을 들은 우마르는 부끄러워서 얼굴을 붉히다가 아무 말 없이 옆에 있던 신하와 함께 식량 창고로 가서 식용유와 밀가루 한 자루를 지고 왔어요. 그리고는 할머니와 아이들에게 손수 빵을 만들어 대접했지요. 부엌 연기 때문에 우마르의 얼굴은 새까맣게 변했지만 할머니와 아이들이 모두 배부르게 먹고 얼굴이 활짝 필 때까지 그 집을 떠나지 않았어요. 아무리 훌륭한 지도자나 성직자라도 가난한 사람들의 아픔을 몰라준다면 진짜 훌륭하다고 할 수 없겠죠? 그런 의미에서 우마르는 따르고 싶은 참 아름다운 사람이에요.

여섯 번째 이야기

영원한 사랑과 진리를 찾아가는 길

― 그 밖의 종교 이야기

거짓된 땅에서 참된 땅으로,
어둠에서 빛으로,
죽음에서 영원불멸의 세계로
저를 인도하소서.
―우파니샤드(힌두교 경전)

 아줌마가 지금까지 얘기해 준 그리스도교, 불교, 이슬람교는 세상 사람들이 가장 많이 믿는 종교지요? 그런데 이 세상에는 수천, 수만 가지의 종교가 있다고 들었어요. 지금까지 말씀해 주신 3대 종교 말고 그밖에 또 어떤 것들이 있는지 궁금해요.

하나 말대로 세상에는 정말 많은 이름을 가진 신이 있고, 그에 따라 종교도 참 다양해요. 그 모든 종교 이야기를 다 담으려면 이 책은 무거워서 들 수도 없을 정도로 두꺼워지고 말 걸요? 아줌마도 이 세상에 있는 종교를 다 알지는 못하지요. 다만 좀 더 알고자 노력할 뿐이죠. 그럼 이제부터 지금까지 알아본 3대 종교(그리스도교, 불교, 이슬람교) 외에 몇 가지 중요한 것을 살펴볼까요?

인도 사람들의 삶을 지배하는 힌두교

힌두교는 약 4,000년 전에 시작된 인도 고유의 종교예요. 인도에서 힌두교 외에도 불교, 자이나교, 시크교 등 여러 종교가 발생했지만 신자의 숫자가 제일 많고 가장 큰 영향력을 발휘하는 것은 힌두교이지요. 땅도 넓고 인종도 많은 인도를 하나로 묶어 주는 것도 바로 힌두교예요. 힌두교는 인도인의 생각과 생활 모든 것에 깊이 배어 있답니다.

3억 3천만이 넘는 많은 신이?!

힌두교 신의 숫자는 3억 3천만이 넘어요. 뿐만 아니라 지금도 매일 새로운 신이 태어나고 있죠. 원래는 우주를 창조한 브라흐마, 우주를 유지시켜 주고 지켜 주는 비슈누, 그리고 또 다른 창조를 위해 파괴하는 쉬바, 이 세 명의 신이 힌두교의 중심이었어요. 그런데 이 세 신에게 부인이나 아들, 손자뻘 되는 신이 자꾸자꾸 생겨나서 지금은 셀 수 없을 정도로 신이 많아졌어요.

인도 어디를 가든 힌두 사원 입구 위에 셀 수 없을 정도로 많은 신의 조각상이 하늘 높이 쌓여 있는 것을 볼 수 있죠. 아줌마의 인도 친구 한 명은 여러 신들 중에서도 특히 '하누만'을 믿어요. 하누만은 원숭이처럼 생긴 신인데 사람이 어려움에 처할 때 도와주는 신이라고 해요. 그 친구는 하누만이 어려운 사람들을 도와주길 바라며 아침마다 기도를 한

힌두교 사원에 가면 이렇게 많은 신의 조각상을 볼 수 있어요.

답니다.

　인도 사람은 힌두 사원에 가서 예배를 드리기도 하지만 아침에 일어나서 자신의 집에서도 예배 의식을 치러요. 이것을 '푸자'라고 하지요. 모든 집에는 신을 모시는 작은 공간이 있는데, 그곳에 자신이 모시는 신의 사진을 붙여 놓고 그 앞에 초를 켜고 향도 피우고 꽃도 바치지요. 푸자는 간단히 몇 분 안에 끝나기도 하고 5시간 이상 가는 큰 의식으로 치르는 경우도 있어요.

　힌두교에서는 모든 인간은 영원한 영혼(아트만)을 가지고 있다고 믿어요. 아트만은 수백만 가지의 모습으로, 수백만 번이라도 다시 태어날 수 있습니다. 지금 세상에서 착하게 살면 다음 세상에서 더 좋은 모습으로 살 수 있고, 그 반대로 나쁜 짓을 많

힌두교인들이 집안이나 사원에서 치르는 예배 의식이에요. 이것을 '푸자'라고 하지요.

이 하면 다음 세상에서 괴로움을 받게 된다는 거지요. 이렇게 거듭 태어나는 것에서 풀려나 영원한 평온함으로 돌아가는 것이 최고의 바램입니다. 불교의 교리와 비슷한 생각이지요? 부처님도 인도에서 태어났기 때문에 불교보다 오래된 힌두교에서 많은 영향을 받았어요.

사람을 차별하는 꼬리표, 카스트 제도

카스트 제도에 대해 들어 본 적이 있지요? 힌두교의 성직자 계급인 '브라만'이 가장 높은 상류층이고 그 다음이 왕족이나 무사 계급인 '크샤트리아', 그 다음은 상인과 농민이 속해 있는 '바이샤', 맨 끝에는 노예와 같이 천한 계급인 '수드라', 이렇게 인간을 신분에 따라 네 가지로 나누는 제도예요. 힌두교는 이렇게 카스트 제도로 인도 사람들의 직업 뿐 아니라 결혼과 먹는 것, 입는 것까지 결정을 하지요.

인도의 인구는 약 10억 명인데 그중에서 아주 가난한 2억 명 정도가 천민인 수드라입니다. 그들은 너무나 천한 계급이라 예배를 드리러 힌두 사원에도 들어갈 수 없었어요. 그런데 인도의 지도자였던 마하트마 간디가 카스트 제도를 없애는 운동을 하며 불가촉 천민을 '신의 자녀'라는 뜻인 '하리잔'으로 바꿔 불렀어요. 그때부터 천민인 수드라도 힌두 사원에 들어갈 수 있는 자격을 얻게 되었지요. 인간을 차별하는 제도는 없어져야 마땅하지만 아직도 인도 사회에는 카스트 제도가 깊이 뿌리 박혀 있습니다.

● 따르고 싶은 아름다운 사람 마하트마 간디

간디(1869~1948)는 영국의 식민지였던 인도의 독립에 앞장섰던 인물이에요. 간디와 그를 따르는 사람들의 노력으로 인도는 1947년 영국의 지배에서 해방되었습니다. 하지만 해방과 함께 인도는 두 나라로 갈라지게 됩니다. 힌두교 신자들은 인도로, 이슬람교 신자들은 파키스탄으로 독립을 하게 되지요. 서로 으르렁대는 두 종교 간의 화합을 위해 애썼던 간디는 그걸 못마땅하게 여긴 힌두교 청년에게 암살당하고 맙니다. 간디는 인도 사람들 뿐 아니라, 전 세계 모든 사람들로부터 존경받는 위인입니다. 종교와 신분과 피부 빛깔에 관계없이 모든 사람들은 평등하다고 가르쳤고, 똑같이 사랑으로 대했습니다. 옳지 않은 것과 맞서 싸울 때는 물러섬이 없었지만 폭력을 쓰는 건 반대했어요.

세계에서 가장 오래된 유일신교 — 유대교

유대교의 역사는 그리스도교의 역사와 그 뿌리가 같아요. 다만 유대인들은 하나님을 야훼 하느님이라고 부르고 예수를 하나님의 아들(구세주)로 인정하지 않는다는 점에서 그리스도교와 큰 차이점을 가지고 있어요. 유대교인은 아직도 구약 성서에서 약속한 구세주를 기다리고 있답니다.

유대교의 경전과 예배를 이끄는 '랍비'

유대교의 경전인 모세 5경을 '토라'라고도 불러요. 토라는 구약 성서 맨 앞에 있는 다섯 권의 책 — 창세기, 출애굽기, 레위기,

---

유대교의 신자 수는 1500만 명 정도입니다. 이중에서 500만 명은 이스라엘에 있고 600만 명은 미국에, 나머지 400만 명은 유럽 등지에 흩어져 살아요. 유대인은 2천 년 전에 잃어버린 땅을 되찾아 1948년 이스라엘이라는 나라를 세웠어요. 그러는 과정에서 오랫동안 그곳에 살고 있던 팔레스타인 사람들을 억지로 쫓아냈습니다. 그 때문에 지금까지도 이스라엘과 팔레스타인을 지원하는 이슬람 나라들 사이에는 충돌이 끊이지 않고 있어요. 작은 나라 이스라엘이 많은 이슬람 나라들을 상대로 싸울 수 있는 것은 전 세계에 흩어져 있는 유대교 신자들의 도움을 받고 있기 때문이지요. 특히 미국에 사는 유대인 중에는 경제적, 정치적으로 성공한 사람들이 많기 때문에 미국은 대체로 이스라엘 편을 들어 주었지요. 이것이 무슬림들이 미국을 싫어하는 이유예요.

민수기, 신명기-을 가리킵니다. 그러니까 유대교와 그리스도교는 그 뿌리가 같다고 할 수 있지요. 유대교에는 토라 말고도 '탈무드'가 있어요. 탈무드는 토라와 같은 야훼 하느님의 말씀이지만 토라처럼 책에 씌여져 있는 것이 아니라 사람의 입에서 입으로 전해져 내려 온 것이랍니다.

 탈무드에는 오랜 세월에 걸쳐 전해 내려온 랍비의 교훈이 담겨 있어요. 주로 유대인의 일상생활과 관련하여 이래라 저래라 하는 내용인데, 그 중엔 유대교인이 아닌 사람도 귀담아 들을 만한 지혜로운 이야기가 많이 있어요. 하나도 탈무드를 소재로 한 동화나 만화를 읽은 적이 있지요? 유대인이 2000년 이상 떠돌며 사는 동안 그들을 하나로 묶어 준 것은 바로 탈무드의 힘이었다고 할 정도로 탈무드는 유대인의 생활과 문화에 깊이 뿌리 박혀 있어요.

 그럼 유대교 신자들은

키파를 쓴 유대교 소년이 토라를 보관한 통을 옮기고 있어요. 남자는 예배를 드릴 때에 반드시 머리에 키파를 써야 해요. 이스라엘에선 거룩한 장소에 들어갈 때는 누구든 반드시 키파를 써야만 들어갈 수 있어요.

누가 이끌어 갈까요? 불교에는 스님, 그리스도교에는 목사님이 있는 것처럼 유대교에는 스승이라는 뜻의 랍비가 있어요. 예배는 안식일(매주 금요일) 마다 열리는데 '키파'라는 모자와 '탈릿'이라는 기도용 보자기를 걸친 랍비가 토라와 기도문을 외우면서 예배를 인도해요.

유대교인의 독특한 관습

이 다음에 하나가 유대인 친구를 만났을 때 알아 둬야 할 것이 있어요. 유대교인은 돼지고기는 물론 조개나 새우도 먹지 않는다는 사실을 기억해 두세요. 또, 치즈와 버터 등 소에서 나온 유제품을 소고기와 동시에 먹지도 않죠. 치즈나 버터를 굳이 먹고 싶다면 4~6시간쯤 지나서 소고기가 완전히 소화된 다음에나 먹을 수 있어요. 이런 규칙이 탈무드에 정해져 있어요.

뿐만 아니라 유대인은 '안식일'을 철저하게 지킨다는 사실도 기억해 두세요. 안식일은 하나님이 천지를 창조하고 나서 휴식을 취한 신성한 날이에요. 안식일인 매주 금요일 해질녘부터 토요일

해질녘까지는 요리를 해서는 안 되고, 심지어 불을 켜기 위해 스위치를 올려서도 안 돼요. 유대인들은 안식일 동안 전기 기구들이 자동으로 작동하도록 미리 맞춰 놓는답니다.

작은 벌레를 위해 발걸음도 조심하는 자이나교

인도는 종교의 땅이에요. 힌두교, 불교 뿐 아니라 자이나교라는 종교도 여기서 태어났어요. 마하비라라는, 부처님과 같은 시대에 태어난 사람이 일으킨 종교예요. 신자의 숫자는 4백만 명 쯤 되는데 대부분 인도 서부에 살고 있습니다.

자이나교의 가르침은 불교와 비슷한 면이 많은데, 생명을 귀하게 여기는 데 있어서는 불교보다 엄격해요. '벌레 한 마리도 죽여서는 안 된다.'는 가르침 때문에 자이나교 승려는 길을 갈 때 빗자루로 땅을 쓸면서 다녀요. 혹시 땅 위에 있을지도 모르는 벌레를 밟을까 봐요. 그리고 사람이 입에서 내뿜는 나쁜 공기가 행여 공기 중에 있는 미생물을 죽이게 될까 봐 입에 마스크를 쓰고 다니는 사람도 있지요. 미생물까지 생각할 정도이니 짐승의 고기를 안 먹는 것은 당연한 일이겠지요? 자이나교인은 모두 철저한 채식주의자들이랍니다. 그것이 살아 있는 모든 생명체에 대한 존중의 표현이라고 생각하니까요.

자이나교에서는 죄악 중에 최고의 죄악을 살아 있는 생명을 죽이는 것으로 보고 있어요. 따라서 그 어떤 작은 생명체도 해치지 않는 것을 사람이 베풀 수 있는 최고의 자비로 생각한답니다. 죽이는 것 뿐만 아니라 파헤치는 것, 때리는 것, 간접적으로나마 생명을 죽게 하는 것을 모두 죄악으로 여기기 때문에 자이나교인은 철저한 비폭력주의자들이기도 합니다. 전 세계 사람들이 모두 자이나교인의 마음을 조금만 배운다면 지구가 지금처럼 환경 파괴 문제로 몸살을 앓을 염려는 없을 텐데……. 하나도 그렇게 생각하나요?

힌두교와 이슬람교의 영향을 함께 받은 시크교

시크교는 500년 전에 인도와 파키스탄의 국경 지대인 편잡 지방에서 나나크란 인물에 의해 시작된 종교입니다. 나나크는 힌두교와 이슬람교가 서로 으르렁대며 싸우는 것이 싫어서 용서와 평등을 강조하는 가르침을 펼쳤어요. 지금은 인도 인구 중 2% 정도인 1800만 명의 신자가 있다고 하니 역사에 비하면 꽤 많은 편이죠?

힌두교에는 수많은 신이 존재하지만 시크교는 신이 하나뿐이에요. 우상숭배나 사람을 차별하는 카스트 제도에 대해서도 반대해요.

맨 처음 천국과 지옥을 나눈 종교—조로아스터교

옛 페르시아, 지금의 이란에서 태어난 조로아스터교는 불을 숭상하기 때문에 배화교라고도 부르지요. 우리에게 잘 알려지지 않은 이 종교는 신자수도 20만 명 정도밖에 안 됩니다.

조로아스터교에서는 '아후라 마즈다'라는 이름의 신을 믿어요. 조로아스터가 아후라 마즈다 신의 계시를 받아서 사람들에게 신의 말씀을 대신 전해 주었지요. 아후라 마즈다라는 신에게는 110가지의 이름이 있는데 이 종교를 믿는 사람들은 아기의 이름을 지을 때도 신의 이름을 따서 붙인다고 해요.

조로아스터교에서 나온 가르침은 유대교, 그리스도교, 이슬람교 등에 영향을 주었어요. 천사, 사탄, 부활, 심판, 낙원, 지옥, 세계 종말, 선악 등의 개념이 원래는 조로아스터교에서 나온 것이 랍니다.

우리나라의 전통 종교

우리나라에서 종교를 믿는 사람들은 대부분 불교와 그리스도교를 믿어요. 그러나 그것 말고 다른 종교가 전혀 없는 건 아니에요. 단군신화에 나오는 단군을 신으로 섬기는 종교도 있고, 우리나라에서 새롭게 모습이 바뀐 종교도 있지요. 우리나라에서 처음 발생하여 우리의 삶에 깊은 영향을 끼치고 있는 종교 몇 가지에 대해 알아보도록 해요.

사람이 곧 하늘 - 천도교

천도교는 1860년 경 조선이 외국 세력의 침입으로 어지러울 때 나타났어요. 수운 최제우 선생께서 '한울님(하느님)'으로부터 어지러운 세상에서 인류를 구하라는 명을 받고 '동학'을 시작했는데 동학이 나중에 천도교가 된 것이지요.

천도교는 한울님을 유일신으로 모시지만 한울님은 창조를 하거나 심판을 내리는 신은 아니에요. 천도교에는 '사람이 곧 하늘과 같은 존재'라는 인내천 사상이 있어 사람을 한울님처럼 귀중

한 존재로 여기지요. 천도교는 3·1 운동 당시 눈부신 활약을 했으며, 서울 인사동 수운회관에 본부가 있답니다. 신자 수는 많지 않지만 우리 민족의 혼을 잘 지키고 있는 종교이지요.

원 하나에 모든 깨달음이 – 원불교

원불교는 불교가 모체가 되어 우리나라에서 시작된 종교예요. 1916년 전라남도 영광에서 박중빈이란 분이 우주의 근본 원리를 깨달아 창시했어요.

원불교 일원상

원불교에서는 둥그런 원에 깨달음이 있다고 생각하여 둥근 모양을 신앙의 대상으로 생각해요. 그래서 원불교 교당에는 불상 대신 둥그런 일원상이 있어요. 우리나라에 100만 명이나 되는 많은 신자가 있고 원광대학교를 비롯하여 여러 교육기관을 운영하는 등 활발한 포교활동을 하고 있어요.

단군 신앙의 발전 – 대종교

1905년 나철이란 분이 우리나라 건국 시조인 단군을 숭배하는 대종교를 시작했어요. 우리 민족의 뿌리를 강조하는 대종교는 일본의 통치를 받던 시대에 많은 독립투사들을 배출하기도 했지요. 신자의 숫자는 얼마 안되지만 지금도 해마다 강화도 마니산에서 단군의 영정을 모셔 놓고 제사를 지냅니다.

유교도 종교인가요?

　유교를 창시한 공자는 기원전 6세기에 중국에서 활동한 정치가이자, 철학자예요. 유교는 사람답게 사는 것이 어떤 것인가를 가르쳐 주고 있어요. 공자님의 말씀은 '논어'라는 경전에 잘 나타나 있지요.

　공자는 사람과 사람 사이의 관계에서 어떻게 행동하는 것이 가장 옳은가에 대해서 많은 이야기를 남겼어요. 자식이 부모에게 효도하고, 친구간에 예의를 지키고, 임금은 나라를 어질게 다스려야 한다는 것 등이 모두 공자의 가르침에서 나왔지요. 그리고 돌아가신 조상을 존경하여 제사를 지내는 것도 유교의 아주 중요한 전통이지요.

이렇게 현실 세계에서 사람된 도리를 잘 지키면 기쁨과 만족을 얻게 되고, 결국 우주와도 조화를 이루게 된다고 가르치고 있어요. 중국과 우리나라 그리고 일본은 이런 유교 문화의 영향을 아주 많이 받았습니다.

그런데 유교는 사람이 죽은 다음의 세계(내세)에 대해서는 이렇다 저렇다 말하지 않아요. 공자는 신이 어떤 존재라고 말한 적도 없고, 사람들 앞에서 신비한 일을 행한 적도 없어요. 그래서 유교는 종교가 아니라고 보는 사람이 더 많습니다.

종교를 믿지 않는 사람들

지금까지 아줌마 이야기를 들어 보니 나도 종교를 가져야겠다는 생각이 드네요. 사랑하고, 자비를 베풀고, 평화를 사랑하고… 좋은 말씀을 듣고 올바르게 살 수 있잖아요? 그럼 종교가 없는 사람들은 뭐예요? 그리고 나쁜 종교를 믿는 사람들도 있다고 들었어요. 우리 엄마가 그러시는데 그럴싸한 말로 사람을 속이고 위협하는 종교를 '사이비 종교'라고 부른대요. 사이비 종교는 진실한 종교와 어떻게 구별하나요?

신앙을 가진 사람을 신자, 또는 신도라고 부르지요. 하나네 할머니는 불교 신자, 엄마는 그리스도교 신자인 것처럼요. 그렇다면 종교를 믿지 않는 사람은 뭐라고 부를 수 있을까요? 두 가지로 생각할 수 있어요. 신은 있다고 믿지만 특정한 종교를 갖지 않은 아줌마와 같은 사람이 있는가 하면, 신이 있다고 믿지 않고 종교도 갖지 않은 사람도 있어요. 참, 한 가지가 더 있군요. 신이 있는지 없는지 헷갈리는 사람도 있죠? 이런 사람들은 언젠가는 마음이 변해서 신자가 될 수도 있을 거예요.

종교를 가진 사람 편에서 보면 종교를 갖지 않은 사람들이 이상해 보일지도 몰라요. 반대로 종교를 갖지 않은 사람들 편에서 보면 종교를 가진 사람들이 이상해 보이겠지요? 아줌마는 자기가 믿는 종교를 남에게 권하는 것은 좋지만 강요해서는 안 된다고 생각해요. 그리고 다른 사람의 종교에 대해서 적대감을 가져서도 안 돼요. 그리스도교 신자가 불교 신자를 존중하고, 불교 신자는 이슬람교 신자를 존중해야 마땅한 것처럼 종교가 있는 사람과 종교가 없는 사람도 서로를 존중해야 해요.

아줌마가 감동을 받았던 이야기를 하나 해 줄게요. 1979년 인도에 갔을 때 있었던 일이에요. 길에서 아픈 사람들을 치료해 주고 있는 유럽에서 온 의사들을 만났어요. 그들은 1년 동안 휴가를 내고 인도에 와서 봉사를 하고 있었죠. 인도는 일 년 내내 우리의 한여름처럼 더운 곳입니다. 그런 곳에서 그들은 땀을 뻘뻘 흘리며 길에 누운 환자들을 돌보고 있었어요. 인도에선 그런 사람들을 '길거리 의사'라고 부르죠. 아줌마는 그들의 모습이 너무 아름다워서 같이 얘기하고 싶어졌어요. 그래서 몇 마디 물어보았죠. '왜 이런 일을 하고 있느냐, 혹시 자신의 종교를 전하기 위해 봉사를 하느냐.' 하고 말이에요. 그런데 놀랍게도 그들은 모두 종교가 없는 사람들이었어요.

교회나 절에 다닌다고 다 착하게 사는 것도 아니고 신을 믿거나 종교가 있다고 해서 반드시 좋은 일만 하는 것은 아니지요. 신자라도 나쁜 사람이 있을 수도 있고 인도의 길거리 의사들처럼 신자가 아니어도 착하게 사는 사람은 많아요. 종교를 가졌으면서도 남에게 욕을 먹는 사람도 있고 종교 없이도 남을 위해 사는 사람도 많지요. 길거리 의사들의 종교는 어쩌면 '사랑'이 아니었을까요? 아줌마의 종교도 사랑이랍니다. 모든 종교가 사랑으로 하나가 되었으면 좋겠어요.

세상에 있는 다양한 종교에 대한 궁금증이 조금이라도 풀렸나요? 종교는 물이 흐르는 것과 같아요. 어디서 시작되었는지는 모르지만 작은 샘물에서 시작된 것이 시간이 흘러 여러 줄기로 갈라지기도 하고, 다시 합쳐서 큰 물줄기가 되기도 하죠. 그렇게 서로 영향을 주고받으면서 지금과 같은 다양한 모습의 종교가 된 거랍니다.

사람을 속이는 엉터리 사이비 종교

그런데, 한 가지 조심해야 할 것이 있어요. 여러 가지 종교의 다양한 모습은 인정한다 하더라도 사람에게 해를 끼치는 사이비 종교(사교)는 구분해야 할 필요가 있다는 거죠. 사이비 종교가 어떤 건지 궁금하다고 했죠? 아줌마는 거짓말로 사람을 괴롭히거나 이상한 행동을 하게 하는 종교를 사이비 종교라고 생각해요. 예를 들어 세상 멸망의 날이 다가왔으니 학교에도 가지 말라고 하거나, 자신은 신을 만난 사람이니 자신에게 모든 재산을 바치면 영원히 죽지 않는다고 말한다든가 하는 것은 종교라고 보기 힘들죠. 그건 오히려 마음이 약한 사람을 상대로 죄를 짓는 것과 같아요. 종교의 참뜻이 사랑과 평화라는 것을 이해한다면 어떤 것이 사이비 종교인지 현명하게 판단할 수 있을 거예요.

> 사이비 종교의 신자들은 자기가 믿는 것이 진리이고 나머지는 엉터리라고 굳게 믿습니다. 그래서 자기들끼리 똘똘 뭉치고, 교주(지도자)는 신이나 다름없기 때문에 교주가 지시하면 무시무시한 일을 아무렇지도 않게 저지르기도 해요. 대표적인 예를 들어 볼게요. 1978년 남아메리카 밀림에서 사이비 종교 단체인 '인민사원' 신도 914명이 독약을 먹고 한꺼번에 자살했어요. 이 집단의 교주가 '썩어빠진 이 세상을 떠나 다함께 천국으로 가자.'고 명령한 거예요. 또 1995년 일본에서 '옴진리교'라는 사이비 종교가 지하철에 독가스를 뿌려서 500명이 넘는 죄없는 사람들이 다치고 죽는 사건이 벌어지기도 했어요.

일곱 번째 이야기

종교는 전쟁인가요, 평화인가요?
-종교의 진정한 모습

폭력을 반대하고 생명을 죽이지 않는 것이 가장 위대한 사랑입니다.
폭력을 반대하는 사람은 살아 있는 신을 믿는 사람입니다.
-마하트마 간디

 벌레를 죽일까 봐 빗자루로 길을 쓸고 다니는 자이나교 사람들은 정말 대단하네요. 세상에 그렇게까지 생명을 소중히 여기는 종교도 있다는 건 처음 알았어요. 아줌마가 말해 준 대로라면 세상에는 사랑을 실천하려는 종교가 참 많은데 왜 자꾸 전쟁이 일어나는 건가요? 어른들은 우리들한테는 '싸우지 말고 사이좋게 놀아라.' 하면서 왜 치고받고 싸우는지 정말 이해가 안 돼요.

이라크 전쟁이다, 이스라엘과 팔레스타인의 충돌이다 하여 요즘도 곳곳에서 싸움이 그치지 않고 있어요. 종교는 온 세상에 사랑과 평화를 전하라고 가르치는데 종교를 믿는 사람들이 왜 그렇게 싸울까요? 이유는 간단해요. 종교의 가르침을 잊고 자기 욕심을 앞세우기 때문에 전쟁이 일어나는 거예요. 그리고 상대방의 입장이나 신앙을 존중하기보다는 '너는 가짜다. 내가 믿는 종교가 진짜다.' 하고 고집을 부리기 때문이죠.

역사를 살펴보면 종교끼리 서로 반목할 때 전쟁이 많이 일어났어요. 반대로 종교가 서로 마음을 열고 서로를 인정했을 때 함께 평화를 만들어 낸 일도 있었지요. 그런 일들에 대해 좀 더 자세히 알아보기로 해요.

나만 있고 너는 없을 때

하나도 이라크에서 일어난 끔찍한 소식들을 들은 적이 있지요? 죄 없는 아이들까지 전쟁 때문에 죽어갔어요. 이라크 아이들의 큰 눈망울을 생각하면 아줌마는 마음이 무척 아파요. 도대체 왜 그렇게 끔찍한 전쟁을 해야만 했을까요.

이라크 전쟁은 미국이 당한 9.11 테러에 대한 응징에서 시작됐어요. 하지만 이라크와 미국의 전쟁 배경에는 종교적인 이질감도 크게 작용했다고 볼 수 있어요.

이슬람교와 그리스도교 사이엔 오래된 반목의 역사가 있어요.

예루살렘 성과 순례자들이에요.

이슬람교에 대해 공부할 때 십자군 전쟁 이야기를 했지요. 십자군 전쟁은 천 년쯤 전에 이스라엘에 있는 예루살렘을 서로 먼저 차지하려고 그리스도교와 이슬람교가 크게 충돌한 사건이에요. 예루살렘은 그리스도교 신자에게나 이슬람교 신자에게나 똑같이 중요한 성지거든요. 그리스도교인에게는 예수의 흔적이 남아 있는 장소이기 때문에, 이슬람교인에게는 무함마드가 알라의 계시를 받기 위해 하늘로 올라간 장소이기에 아주 중요한 의미를 가지죠. 그래서 어느 한 쪽도 양보하지 않고 예루살렘을 자기 것으로 만들기 위해 무려 250년 동안이나 싸움을 벌인 거예요. 십자군 전쟁으로 죽은 사람의 숫자만 해도 7만 명이나 된답니다. 그러니 그 끔찍한 전쟁의 기억이 하루아침에 사라질 리는 없죠. 십자군 전쟁 이후로도 이슬람교와 그리스도교는 걸핏하면 서로 으르렁거리며 싸우려 들었어요.

그것 말고도 전 세계의 20여 곳에서 종교 때문에 크고 작은 다툼이 있어요. 힌두교와 이슬람교의 갈등으로 생긴 인도와 파키스탄의 전쟁, 유대교와 이슬람교의 갈등으로 생긴 팔레스타인 사태,

개신교를 믿는 영국과 천주교를 믿는 북아일랜드 독립파 사이의 갈등이 그 예이지요. 러시아와 체첸 공화국 사이의 분쟁도 그리스도교와 이슬람교의 대립이라고 볼 수 있어요. 종교가 다르면 심한 이질감을 느끼기 때문에 대화가 불가능하게 되는 경우가 많아요.

나와 네가 함께 있을 때

다행히 요즘은 서로 다른 종교인들끼리 대화를 나누려는 시도가 많아지고 있어요. 뿐만 아니라 종교의 벽을 넘어 함께 가난한 이웃이나 아픈 사람을 위한 봉사 활동도 활발하게 하고 있답니다. 우리나라에서도 여러 종교 단체가 협력하여 아프리카 난민을 돕는다든가, 북한 동포를 위해 쌀을 보낸다든가, 소년소녀 가장을 돕는 캠페인을 벌이기도 하지요.

아줌마는 새만금 갯벌 개발을 반대하기 위해 여러 종교의 성직자들이 전라북도 새만금 갯벌에서부터 서울 광화문까지 삼보일

새만금 갯벌을 살리기 위해 여러 종교의 성직자들이 삼보일배를 하고 있는 모습이에요.

배 운동을 했을 때 감동을 받았어요. 새만금 갯벌이 인간의 이기심 때문에 없어지고, 자연 생태계가 망가지는 것을 막기 위해 천주교의 문규현 신부님, 불교의 수경 스님, 개신교의 이희운 목사님, 원불교의 김경일 교무님 등 성직자들이 2003년 3월 한자리에 모였어요. 그리고 65일간 305킬로미터에 달하는 길을 세 발자국 걷고 한 번 절하고, 다시 세 발자국 걷고 한 번 절하며 지나갔어요. 엄청난 고통을 참고 견디면서 말이에요.

그런 힘은 어디서 나오는 걸까요? 생명을 사랑하는 마음과 평화를 바라는 마음에서 오는 것이 아닐까요? 참다운 종교라면 이 세상의 모든 생명을 사랑하고, 다툼이 있는 곳에 평화가 오기를 바라지요. 나와 피부색이 다르다고 해서 차별하거나, 나와 종교가 다르다고 해서 미워하지 않아요. 생명은 모두 다 소중하다는 것을 아니까요. 그리스도교의 예수님과 불교의 부처님, 그리고 다른 종교의 성인들이 이 세상에 전했던 것도 결국 그런 것이라고 생각해요.

그러니까 아줌마의 말은 '내 종교가 제일이다, 내 말이 무조건 옳다'라고 주장하지 말고, 다른 종교의 이야기, 다른 사람의 말에도 귀를 기울여야 한다는 것이죠? 마음을 열고 이야기를 나눌 뿐 아니라 사랑의 가르침을 실천해야하고요. 나는 전쟁 대신 평화를 믿을래요. 그래야 모두 다 행복질 수 있잖아요.

성 프란체스코의 평화의 기도

오, 주님 저를 당신의 평화의 도구로 써 주소서.
미움이 있는 곳에 사랑을
다툼이 있는 곳에 용서를
의혹이 있는 곳에 믿음을 심게 하소서.
절망이 있는 곳에 희망을
어두움이 있는 곳에 빛을
슬픔이 있는 곳에 기쁨을 심게 하소서.
오, 거룩하신 주님
제가 위로 받으려 애쓰기 보다는 위로할 수 있도록
사랑 받으려 애쓰기 보다는 사랑할 수 있도록 도와주소서.
우리는 줌으로써 받고, 용서함으로써 용서 받으며
죽음으로써 영원히 살 수 있기 때문입니다.

'바보성자' 혹은 '미치광이 성자'로 불리는 성 프란체스코 (1182~1226)는 그리스도교에서 예수 다음으로 존경받는 분이에요. 평생을 가난하고 소박하게 살며, 길가의 풀잎과도 이야기를 나눌 만큼 자연을 사랑했던 분이랍니다. '신의 음유시인'이라고 불릴 정도로 뛰어난 시도 많이 남겼어요.

이야기를 마치며

하나의 말— 나도 하고 싶은 말이 있어요

아줌마를 처음 만났을 때 이상한 사람일 거라고 생각해서 말도 안 하려고 했어요. 그런데 이제 와서 생각해보니 정말 이상한 사람은 나였던 것 같아요. 잘 알지도 못하면서 나와 다른 사람을 보면 '저 사람은 이상해!' 하는 생각부터 했으니까요. 아줌마랑 이야기를 나누면서 무엇보다 기뻤던 것은 '세상 사람들이 모두 다 똑같을 수는 없다. 그렇지만 모두를 사랑할 수는 있다.'는 것을 배우게 된 거예요.

사실 아줌마가 이야기해 주신 것을 다 이해하지는 못했어요. 내

가 종교를 제대로 이해하기엔 아직 어리니까 앞으로 더 많이 배울 수 있겠죠. 엄마를 따라 교회에도 가 보고, 할머니를 따라 절에도 가 보고, 이모를 따라 성당에도 가 보고, 또 얄리 아저씨랑 마스지드에도 가 보면서 천천히 배울 거예요. 그리고 나도 언젠가는 나에게 가장 잘 맞는 종교를 선택하고 싶어요. 종교를 선택한 뒤에도 다른 종교를 가진 친구들과 더 많이 이야기를 나눌 거고, 어려운 이웃을 위해 사랑을 나누는 일도 많이 하고 싶어요.

그리고요, 무엇보다 엄마랑 할머니가 서로 사이가 안 좋을 때 내가 두 분께 사랑을 전해 줄래요. 아줌마가 그랬잖아요. 모든 종교는 사랑이고 평화라고. 엄마랑 할머니에게 그 이야기를 해 드리면 쓸데없는 소리 좀 그만 하라고 하실까요? 그래도 나는 계속 말할 거예요. 우리 가족에게는 물론 내가 만나는 친구와 모든 사람들에게 사랑과 평화를 말할 거예요. 아니, 말보다는 실천으로요. 데레사 수녀님, 문익환 목사님, 법정 스님, 우마르처럼 말이에요!

아줌마의 말—종교는 달라도 사랑할 수 있어요

아줌마가 싱가포르에 살 때 친하게 지내던 분이 있어요. 인도 사람인 그 분은 열렬한 성공회교(개신교의 여러 교파중의 하나) 신자였는데 특이하게도 그 집의 큰아들은 무슬림이고, 큰딸은 수녀, 작은딸은 힌두교인, 그리고 막내 아들은 어떤 종교를 선택할지 아직 모르는 상태, 이렇게 모두 달랐어요. 그래서 내가 물어봤죠. '종교 때문에 서로 싸우지 않냐.' 고요. 그랬더니 그 아주머니께서는 '왜 싸울 거라고 생각하냐.' 고 오히려 되묻더군요.

그러다가 어느 날 그 아주머니가 날 저녁 식사에 초대해 주어서 그 집에 가게 됐는데 나는 이상한 나라에 간 것 같은 느낌을 받았어요. 식탁에는 돼지고기를 안 먹는 큰아들을 위한 특별 음식이 준비되어 있었고, 소고기를 안 먹는 딸을 위한 음식도 따로 있었어요. 그리고 그곳에서 밥을 먹다가 수녀복을 입은 딸의 머릿수건이 얼굴 쪽으로 내

려오자 무슬림인 오빠가 다정하게 머
릿수건을 위로 올려 주는 모습도 보
았어요.

　나는 그 집에서 저녁 식사를 하면서 충
격과 감동을 동시에 받았지요. 종교가 달라도 문제될 것이 없다는
것을 알았으니까요. 하나네 집도 그 집과 다를 것이 없어요. 서로 존
중하고 이해한다면 가족의 종교가 다 같지 않아도 얼마든지 행복할
수 있어요. 물론 이해하는 것이 쉽지는 않겠지요. 가족이기 때문에
종교가 같았으면 좋겠다는 욕심이 더 나는 법이니까요.

　아줌마는 종교가 달라서 헤어지는 부부도 만나 보았고, 서로 종
교가 다르다는 이유로 남자와 여자가 결국 결혼식을 취소한 경우도
보았어요. 아줌마는 진정한 종교인이라면 종교의 힘으로 더 큰 사랑
을 실천할 수 있어야 한다고 생각해요. 그 사랑이라는 것은 결국 더
불어 사는 세상을 만드는 사랑이겠죠.

　아줌마는 곧 인도로 떠날 거예요. 종교에 대해 더 공부하고 싶기
도 하고, 글도 쓰고 싶어서 떠나려고 해요. 하나에게 이야기를 하다
보니 내가 부족한 게 많다는 걸 더 많이 느꼈거든요. 다시 돌아올 때
엔 더 많은 이야기를 들려 줄게요. 그동안 내 얘길 들어 줘서 고마웠
어요.

　안녕!